Margit Seitz-Dahlke wurde in Linz/Österreich geboren. Nach Abschluß des Gymnasiums studierte sie in Wien Germanistik und Geschichte. Seit Jahren beschäftigt sie sich mit Meditation und Astrologie.
Margit Seitz-Dahlke lebt heute in München und arbeitet als freie Schriftstellerin.

Von Margit Seitz-Dahlke sind bisher als Knaur-Taschenbücher erschienen:

»Meditationen für den Stier« (Band 7716)
»Meditationen für den Zwilling« (Band 7715)
»Meditationen für den Krebs« (Band 7714)
»Meditationen für den Löwen« (Band 7713)
»Meditationen für die Jungfrau« (Band 7712)
»Meditationen für die Waage« (Band 7711)
»Meditationen für den Skorpion« (Band 7722)

Von der Autorin überarbeitete und stark erweiterte
Taschenbuchausgabe 1987
Droemersche Verlagsanstalt Th. Knaur Nachf., München
Lizenzausgabe mit freundlicher Genehmigung
des Schönbergers Verlag, München
Die Originalausgabe erschien als Sammelband unter dem Titel
»Der Meditationsführer« in Schönbergers Verlag, München

Umschlaggestaltung Adolf Bachmann, Reischach
Illustration für Umschlag und Innenteil Christine Wilhelm, München
Satz IBV Satz- und Datentechnik GmbH, Berlin
Druck und Bindung Ebner Ulm
Printed in Germany 5 4 3 2 1
ISBN 3-426-07723-X

Margit Seitz-Dahlke:
Meditationen für den Schützen

Wie Sie Ihre persönliche Meditationsmethode
finden können

Knaur®

INHALT

Vorwort 7

ASTROLOGIE UND MEDITATION 9

DIE GRUNDLAGEN DER MEDITATION 19

Was ist Meditation? 21

Warum Meditation? 24

Die Meditationstechniken 29

Intellekt und Meditation 32

Die Wirkungen der Meditation 36

Was geschieht beim Meditieren? 47

»Ziel« der Meditation 53

DIE PRAXIS DER MEDITATION 65

Die Umgebung 68

Die Haltung 71

1. Übung: Einheit 72 2. Übung: Schwerpunkt 73 3. Übung: Lotos-Sitz 75 Alternativen zum Lotos-Sitz 77 4. Übung: Verlagern des Schwerpunkts 78

Die Atmung 80

1. Übung: Beobachten 81 2. Übung: Bewußtwerden 82 3. Übung: Zwerchfellatmen 83

Die innere Einstellung 85
1. Übung: Körperliches Abreagieren 87
2. Übung: Bewußtheit 90

Die Vorbereitung 91
Eutonische Grundübung 93 Kin-hin-Übung 95 Körperzentrierte Aufwärmübung 96 Muskuläres Tiefentraining 98 Lebenskraftübung 100 Pranayama-Übung 102

Der Einstieg 107

MEDITATIONEN FÜR DEN SCHÜTZEN 111

Schütze 113

Schütze-Meditationen 117
Jnana-Yoga 117 Tai Chi 119 Licht-Imagination 121 Runenmeditation 122 Mandalameditation 127 Geführte Meditationen 129 Geführte Schütze-Meditation 133 Kerzenflammenmeditation 143 Ausdehn-Atem 145 Ballonmeditation 146 Out-of-Body-Reisen 148 Traumreise – Reisetraum 150 Wissensmeditation 152 Rückverbindungsmeditation 153 Feuerritual 156 Dynamische Meditation 158 Zen in der Kunst des Bogenschießens 160 Meditationsgeschichte 163

Anhang 171
Literaturverzeichnis 171 Meditationstexte 178 Astrologie 179 Meditationsmusik 180 Meditationskassetten 182

VORWORT

»Wir haben erfahren, daß der Mensch seinen Intellekt bis zu erstaunlichen Leistungen kultivieren kann – ohne dadurch der eigenen Seele Herr zu werden.«

HERMANN HESSE

Der Weg unserer hochzivilisierten, hoch technisierten und intellektgläubigen westlichen Gesellschaft hat in eine totale Veräußerlichung der Werte und Lebensgefühle geführt. Durch zahlreiche technische Hilfsmittel ist es gelungen, unser alltägliches Leben komfortabler zu gestalten, und dennoch ist dieses mehr denn je von einem fast unerträglichen, krankmachenden Leistungsdruck bestimmt. All die Maschinen und wissenschaftlichen Errungenschaften konnten das Leid in unserer Welt nicht mindern und die Fragen nach dem Sinn unseres Lebens nicht beantworten. Die Unzufriedenheit mit dieser einseitigen Weltsicht hat in letzter Zeit viele Menschen dazu bewogen, sich nach einer alternativen Betrachtungsweise der Dinge umzusehen. Der Wunsch, wieder ein Gleichgewicht herzustellen zwischen innen und außen, wieder in Harmonie mit der Natur und nicht gegen sie zu leben, wurde und wird immer größer. Und

wie schon so oft in der abendländischen Geschichte, richtet auch heute der westliche Mensch in seiner Ratlosigkeit den Blick nach Osten, um dort Antworten auf seine existentiellen Fragen zu finden.
Das Interesse an der spirituellen Tradition Asiens nimmt daher in letzter Zeit immer mehr zu. Dies äußert sich auch in der Wiederentdeckung der Meditation. Wir werden geradezu überschwemmt von einer Vielzahl an Meditationstechniken und -schulen, und es bereitet oft Schwierigkeiten, sich für eine bestimmte Meditationsart zu entscheiden.
Diese Buchreihe gibt ihren Lesern durch die Verbindung von Astrologie und Meditation eine Orientierungshilfe für das Auffinden einer geeigneten Meditationstechnik, indem es den zwölf Tierkreiszeichen verschiedene Arten der Meditation zuordnet. Die Kombination von Astrologie und Meditation erscheint uns logisch, da es in beiden Systemen letztendlich um den Weg des Menschen zu seiner Vervollkommnung geht.
Die Möglichkeiten einer Darstellung der oft recht komplizierten Wege der Meditation in einem Buch sind begrenzt. Es können daher hauptsächlich Anregungen gegeben werden, denn Meditation als Weg zu innerer Wandlung muß gelebt werden.

ASTROLOGIE UND MEDITATION

Wir haben uns angewöhnt, kausal zu denken, die Wirklichkeit in eine Folge von Ursachen und Wirkungen zu zergliedern. Auf diese Art haben wir die Welt, in der wir leben, in lauter Ebenen zerlegt, und reden von den Mineralien, den Tieren, den Pflanzen. Es ist wichtig, unsere Wirklichkeit in ihren vielfältigen Erscheinungsformen so zu ordnen, sonst würden wir den Überblick verlieren. Fixiert auf unsere übliche kausale Denkweise, fällt es uns zunächst schwer, zu akzeptieren, daß es auch noch andere Modelle gibt, um die Wirklichkeit abzubilden. Diese anderen Systeme sind gelegentlich schwer mit dem Intellekt oder mit der Vernunft zu erfassen.
Schon vor Jahrtausenden entstand in verschiedenen Kulturen ein Abbildungssystem, das fähig ist, das komplizierte Gefüge unserer Wirklichkeit zu symbolisieren. Überlieferte Dokumente belegen, daß dieses Symbol-System in Indien, im vorkolumbianischen Amerika, in China und im nahöstlichen Chaldäa angewandt wurde. Jeweils gemeinsam ist diesen Systemen, daß mit ihrer Hilfe Grundprinzipien erkannt werden können, die auf allen Ebenen unserer Wirklichkeit gültig sind. Gemeinsam ist ihnen auch die Beobachtungsebene weit entfernt von allem Irdischen im Kosmos: die Sterne und ihre Bewegungen.
Dieses Symbol-System ist die Astrologie. Sie ist Abbildungssystem für die Wirklichkeit. Aus dem Stand der Sterne, die sich in einem rhythmischen Lauf bewegen, sich nähern und sich voneinander

entfernen, kann die Astrologie die Grundprinzipien der Wirklichkeit erkennen, die für alle und alles immerwährend Gültigkeit haben.
Die Astrologie ist also ein Meßsystem, mit dessen Hilfe die komplexe Struktur unserer Wirklichkeit symbolisch erkannt werden kann. Der Sternenhimmel mit seiner rhythmischen Ordnung verdeutlicht ebenso wie die subatomare Welt einen allumfassenden kosmischen Regelkreis, in dem die Polarität zur Einheit verschmilzt. Im Universum sind Tod und Leben, Aufstieg und Niedergang, Ab- und Wiederkehr verschlüsselt. Wer es versteht, diese Welt zu deuten, ist auf dem Weg, die Wirklichkeit zu verstehen.
Die Astrologie strukturiert die Welt, in der wir leben, nicht in Ursache-Wirkung-Kategorien, sondern sucht nach den Urprinzipien. Die Sterne haben sich nach den bisherigen Erfahrungen als besonders geeignete Beobachtungsebene für diese Urprinzipien erwiesen.
Sie stehen damit gleichsam als Symbol für eine in tieferen Schichten unseres Bewußtseins vorhandene Wirklichkeit.
Ein weiterer alternativer Denkansatz der Astrologie erklärt, warum sie zu einem Instrument zur Bestimmung der Persönlichkeits- und Charakterstruktur werden kann. Dazu müssen wir etwas weiter ausholen. Die Lehre von der Polarität besagt, daß zu jedem Pol zwingend ein Gegenpol existieren muß. Ohne Nacht gibt es keinen Tag. Wir könnten uns ›langsam‹ nicht vorstellen, wenn wir

nicht wüßten, was ›schnell‹ ist. Ohne ›groß‹ kein ›klein‹. ›Gut‹ existiert nur, weil es ›böse‹ gibt.
Ein vergleichbares Pol-Paar sind ›Quantität‹ und ›Qualität‹. Wir sind daran gewöhnt, in bezug auf die Zeit Quantitäten zu messen, indem wir sie in Sekunden, Minuten, Stunden, Tage, Wochen, Monate und Jahre eingeteilt und als Meßindikator im übrigen die Bewegungen von Erde, Mond und Sonne verwendet haben. Zeit-Qualitäten zu beurteilen, fällt uns gewöhnlich schwer, denn die Inhalte der Zeit können wir mit den bekannten Meßinstrumenten nicht bewerten. Es muß aber nach den Polaritäts-Regeln auch eine Zeit-Qualität geben. Das Erfassen der Zeit-Qualität ist Aufgabe der Astrologie. Es ist die Basis der Arbeit mit Horoskopen.
Horoskopieren bedeutet im Wortsinn: in die Stunde schauen. Hinter dem Zeitablauf kann somit ein Inhalt entdeckt werden. Da alles, auch die Zeit, lediglich ein Teilstück des geordneten Ganzen ist, lassen sich Zeit-Qualitäten sozusagen hochrechnen. Selbst aus der kürzesten Zeitspanne ist deshalb alles zu ersehen. Dieses Phänomens bedient sich das Geburtshoroskop. Im Zeitpunkt der Geburt ist alles enthalten, und die Astrologie wählt die Beobachtungsebene der Sterne, um diesen Gehalt zu erkennen.
Vielen westlichen Menschen fällt es nicht leicht, dieses ungewohnte Denkmodell auf Anhieb zu erfassen. Wir wollen deshalb an einem vergleichbaren naturwissenschaftlichen Phänomen erklären,

was damit gemeint ist. Die Gen-Forscher haben entdeckt, daß alle Informationen, die ein Individuum charakterisieren, bereits in den Chromosomen der Samenzelle und des Eis enthalten sind. Verschlüsselt in einer biochemischen Sprache sind dort das Geschlecht festgelegt, der Knochenbau, das Aussehen, Augen- und Haarfarbe, psychische Grundstrukturen. Diese Informationen manifestieren sich erst im Verlauf des Lebens, sind jedoch schon im Augenblick der Zeugung vorhanden und unabänderlich.

Ähnlich funktioniert das Geburtshoroskop. Im Moment des ersten Atemzuges, zu Beginn des Lebens, stehen die Sterne in einer ganz bestimmten und einmaligen Konstellation über dem Geburtsort. Das Horoskop ist eine Momentaufnahme aus dem unendlichen Rhythmus des Universums. In dieser Momentaufnahme stecken alle Informationen über Vergangenheit und Zukunft. Das Horoskop offenbart die Urprinzipien, nach denen die Persönlichkeit strukturiert ist, und gibt Hinweise auf jene Bereiche, die in das Bewußtsein integriert werden müssen. Ihnen selbst erschließen sich die Aussagen der Astrologie allerdings nur dann, wenn Sie sich damit beschäftigt haben oder die Interpretationshilfe eines erfahrenen Astrologen in Anspruch nehmen. Notwendig ist das aber nicht. Selbst wenn Sie die astrologischen Urprinzipien Ihrer Persönlichkeit nicht erkennen können, sind diese dennoch vorhanden und wirksam und helfen Ihnen dabei, die geeignete Meditation für Sie persönlich zu finden. Ausgangspunkt ist Ihr Geburtsdatum. Mit seiner Hilfe können Sie bestimmen, durch welches Sternbild die Sonne am Tage Ihrer Geburt gewandert ist.

Wenn Ihr Geburtstag in dieser Zeitspanne liegt	*dann sind Sie*
21. März bis 20. April	Widder
21. April bis 20. Mai	Stier
21. Mai bis 21. Juni	Zwillinge
22. Juni bis 22. Juli	Krebs
23. Juli bis 22. August	Löwe
23. August bis 22. September	Jungfrau
23. September bis 23. Oktober	Waage
24. Oktober bis 22. November	Skorpion
23. November bis 21. Dezember	Schütze
22. Dezember bis 20. Januar	Steinbock
21. Januar bis 19. Februar	Wassermann
20. Februar bis 20. März	Fische

Im folgenden Hauptteil des Buches finden Sie zu Beginn jeden Kapitels eine kurze Erklärung der Sternzeichensymbolik. Anschließend schlagen wir Ihnen verschiedene Meditationsarten vor, die den jeweiligen Tierkreiszeichen entsprechen. Wenn Sie sich für eine der praktischen Übungen entschieden haben, sollten Sie mindestens drei Wochen lang bei dieser einen Meditationstechnik bleiben.

Beachten Sie zuvor jedoch alle Hinweise in dem Kapitel ›Die Praxis der Meditation‹. Viele der dort genannten Übungen erleichtern Ihnen den Beginn der Meditation. Sollten Sie während der Meditation einen starken inneren Widerstand spüren oder zwischen den meditativen Übungen im Alltag plötzlich vor psychischen Problemen stehen, die Sie allein nicht mehr bewältigen können, empfiehlt es sich, die Meditationszeit zu verkürzen und einen erfahrenen Meditationslehrer um Rat zu fragen.

Der Stand der Sonne zu Ihrem Geburtszeitpunkt ist ein Symbol für Ihre Lebensmitte, für das Zentrum Ihres Wesens. In ihr konzentrieren sich alle elementaren Bestandteile des Seins in Form einer intensiven energetisch-vitalen Vereinigung. Die Sonne gilt auch als Repräsentant für das höhere Ich des Menschen. Schon deshalb ist sie ein guter Wegweiser zur richtigen Meditationsmethode.

In jeder Person sind alle Grundprinzipien präsent. Mit Hilfe der Meditation können Sie alle diese Urprinzipien in sich und überhaupt bewußter wahrnehmen, sofern Sie jeweils dann, wenn die Sonne in einem bestimmten Sternzeichen steht, die entsprechende meditative Übung vollführen. Das bedeutet, daß Sie – unabhängig von Ihrem Geburtszeichen – zwischen dem 21. März und dem 20. April (Widder-Zeit) eine der vorgeschlagenen Widder-Übungen praktizieren können. Verlassen Sie sich bei der Auswahl der jeweiligen Übung stets auf Ihr Gefühl.

Wenn Sie über Ihr persönliches Horoskop verfügen, ist es möglich, die geeignete Meditation auf andere Art und Weise zu bestimmen. Achten Sie dann auf Mond, Himmelsmitte (MC), Aszendent, Bündelungen von Planeten in den entsprechenden Zeichen oder auf Planetenherrscher in Ihrem eigenen Zeichen (etwa Merkur in den Zwillingen oder Venus in der Waage). Diese Konstellationen geben dem Tierkreiszeichen ein besonderes Gewicht und könnten Sie dazu veranlassen, eine entsprechende Meditationsübung zu wählen.

DIE GRUNDLAGEN DER MEDITATION

WAS IST MEDITATION?

Meditation heißt, im eigenen und damit überhaupt im Zentrum aller Dinge zu sein. Schon der Wortstamm Medi-tation verweist uns auf diese Mitte, die das Ziel aller meditativer Übung ist. Es gibt nur dieses eine Ziel, aber viele Wege und Techniken, um dorthin zu gelangen.

»Der Tropfen im Meer mag bisweilen schon wissen, daß er im Meer ist, aber selten wohl weiß er, daß das Meer auch in ihm ist«, sagt Ananda May, eine große indische Heilige. Sind wir in Meditation, in unserer Mitte, wird uns unsere Teilhabe am Meer bewußt. Wir erfahren uns nicht nur als Teil der göttlichen Schöpfung, wir erkennen das Göttliche in uns.

Auf einer anderen Ebene, der naturwissenschaftlich-intellektuellen, beschrieben, kommt es im Zustand der Meditation zu einer Umschaltung des Bewußtseins. Wer meditiert, verläßt die gewohnte Ebene des Wachbewußtseins und begibt sich in bisher unerreichte Bereiche seiner Persönlichkeit, was bedeutet: Das Bewußtsein wird während der Meditation gleichzeitig erweitert, vertieft und erhöht. Deshalb ist Meditation nicht nur ein anderer Bewußtseinszustand, sondern ein allumfassender. Die Meditation erreicht alle Ebenen unserer Persönlichkeit, auch diejenigen, die wir bisher noch nicht kannten oder nicht kennen wollten. Medita-

tion kreiert nie etwas völlig Neues, Utopisches. Es handelt sich bei ihr auch nicht um »geistige Gymnastik« oder um eine Übung zur Entspannung. Meditation beinhaltet all dies – und geht weit darüber hinaus.
Kein Wunder, daß es für viele Menschen schwierig ist, sich mit der wahren Bedeutung der Meditation zu befassen. Intellekt, Vernunft und rationelle Überlegungen reichen nicht aus, um Meditation zu begreifen. Sie entzieht sich allen theoretischen Konzepten und analytischen Bemühungen. Wer Meditation erfahren will, muß sie praktizieren. Die Bereiche, mit denen man während der Meditation konfrontiert wird, überschreiten die Grenzen des rational Faßbaren. Zwangsläufig wird der Meditierende den scheinbar sicheren Boden seines materiellen Weltbildes verlassen und erkennen, daß es Dinge zwischen Himmel und Erde gibt, die er mit seinem Verstand nicht erfassen kann. Jeder Versuch einer Erklärung gerät bestenfalls zu einer Annäherung an den wahren Gehalt der Meditation. Hier einige Beispiele:
Der Physiker und Philosoph Carl Friedrich von Weizsäcker: »Es ist ein Stillwerden des bewußten Getriebes und es meldet sich, es zeigt sich etwas, was auch immer vorher da war. Überhaupt, man wird durch die Meditation kein anderer, sondern der, der man immer gewesen ist.«
Der Psychologe und Gestalttherapeut Hilarion Petzold: »Es ist eine Haltung der hingebungsvollen, steten Konzentration, der reinen Offenheit,

der Loslösung von den Fesseln der Vergangenheit, [...] der Befreiung zu neuen Gestaltungen des Bewußtseins und zugleich des Überschreitens aller Einzelgestaltungen.«
Der Sufi-Führer Pir Vilayat Khan: »Das Ziel ist, Gott zu einer Realität zu machen und nicht die Suche nach der Befreiung von den existentiellen Bedingungen.«
Der Meditations-Meister Karlfried Graf Dürckheim: »Meditation meint Verwandlung des überwiegend der Welt zugewandten, aus seiner bloßen Natur und im Bedingten der Welt lebenden Menschen zu dem neuen Menschen, der bewußt in seinem Wesen verankert ist und dieses in seinem Erkennen, Gestalten und Lieben in der Welt in Freiheit zu bekunden vermag.«
Meditative Zustände sind uns allen bekannt, aber unser modernes Leben verdrängt sie. Durch den Leistungsdruck, unser ›Durch-das-Leben-Hetzen‹, werden wir daran gehindert, zu uns selbst zu finden, unsere Mitte zu spüren. Es fehlt uns immer mehr die Fähigkeit zur Hingabe. Streß ist an die Stelle von Beschaulichkeit getreten, bei der sich oft von allein ein Meditationszustand einstellt. Deshalb benötigen wir heute Techniken, die uns helfen können, den Zustand absoluter Ruhe, der Passivität, des Nichts-Tuns, der Hingabe an das ›Einfach-so-Sein‹ wieder zu ermöglichen.

WARUM MEDITATION?

»Der Zweck des Lebens ist Bewußtwerdung«, schreibt Bhagwan Shree Rajneesh. »Bewußtheit ist die uneingeschränkte Wahrnehmung von allem, was geschieht.« Diese uneingeschränkte Wahrnehmung ist uns meist verwehrt, denn unser Wachbewußtsein ist nur in der Lage, einen winzigen Ausschnitt der Realität zu erfassen. Alles, was jenseits dieser Grenzen liegt, ist außerhalb unserer bewußten Reichweite – aber dennoch vorhanden.

Meditation ist ein Weg zum totalen Bewußtsein, zur umfassenden Wahrnehmungsfähigkeit. Mit Hilfe der Meditation gelingt es, ein Sperrgebiet zu betreten, in dem bislang unerschlossene Ressourcen der Persönlichkeit lagern.

Eingegrenzt in unsere Bewußtseinsschranken, sind wir nicht in der Lage, die übergeordnete Einheit aller Dinge und Vorgänge zu erkennen. Der wesentliche Grund dafür ist die Erfahrung der Polarität, die unsere materielle Welt prägt. Die Wirklichkeit existiert zwar als Einheit, ist eine Art allumfassender kybernetischer Regelkreis, der nach einer übergeordneten ›göttlichen‹ Gesetzmäßigkeit funktioniert. Alles ist von allem abhängig, nichts kann allein wirken. Mit unserem eingeschränkten menschlichen Bewußtsein können wir diese Einheit aber nicht erfassen, und deshalb offenbart sich uns die Welt in scheinbaren Gegensät-

zen: Mann und Frau, Tag und Nacht, Gesundheit und Krankheit, Leben und Tod, Plus und Minus.
Eine der Grunderfahrungen der Polarität ist der Atem. Mit seiner Hilfe können wir ihr Wesen am besten erkennen. Das Einatmen bedingt das Ausatmen, beides gehört zusammen, und wenn man einen Pol wegnimmt, verschwindet auch der andere. Dieser Wechsel der Pole ergibt einen Rhythmus. Und dieser Rhythmus bedeutet Leben, ist das Grundmodell alles Lebendigen.
Die enge Zusammengehörigkeit der beiden Pole läßt die Einheit, die ihnen zugrunde liegt, gut erkennen. Uns Menschen zeigt sie sich jedoch immer in zwei hintereinander ablaufenden Aspekten der Wirklichkeit. Da jeweils ein Pol notwendig ist, um den anderen zu erfahren, haben beide ihre Existenzberechtigung und ihren Sinn. In einem gesetzmäßig funktionierenden Kosmos kann es nichts Sinnloses geben.
»Die Menschen«, so der Psychotherapeut Thorwald Dethlefsen, »haben es sich zur Gewohnheit gemacht, die Welt einzuteilen in Dinge, die sein dürfen, und in Dinge, die es eigentlich nicht geben sollte.« Indem wir uns weigern, bestimmten Teilen der Wirklichkeit in unserem Bewußtsein eine Existenzberechtigung zu geben, verschließen wir aber lediglich die Augen vor einem Ausschnitt der Realität. Das schlägt voll auf uns zurück, denn jeder Versuch, eine Wahrheit zu unterdrücken, erzeugt Gegendruck, den wir zu spüren bekommen. Thorwald Dethlefsen schreibt in diesem Zusammen-

hang: »Der größte Teil des menschlichen Leidens besteht aus dem ausgeübten Widerstand gegen die manifestierten Umstände.«
Dieses ›Entweder-Oder‹, mit dem wir die Welt betrachten, zwingt uns dazu, viele Dinge in uns zu unterdrücken, weil wir deren Wertfreiheit nicht akzeptieren können. Wir setzen den Maßstab des ›Gut‹ und ›Böse‹, verdrängen dabei einen großen Teil unserer Persönlichkeit in einen Schattenbereich und verhindern damit die volle Entfaltung unseres Wesens. Wir werden krank, weil wir unsere Persönlichkeit gewaltsam reduzieren.
Die Existenz des von Tiefenpsychologen als ›Schatten‹ bezeichneten Bereichs ergibt sich aus der polaren Erfahrung der Wirklichkeit. Da wir aber von unseren menschlichen Leiden nur erlöst werden können, wenn wir wieder in die Einheit finden, kommt der Integration des Schattens in unsere Persönlichkeit eine wesentliche Bedeutung zu.
Das klingt nicht nur so, als sei es eine schwierige Aufgabe, sondern es ist auch eine schwierige Aufgabe. Gerade in den dunklen Seiten unserer Seele sind oft ungeahnte Kräfte verborgen, die nur auf ihre Befreiung warten und, ans Licht gebracht, unsere Persönlichkeit abrunden und stärken.
Der tibetanische Religionsführer Tschögyam Trungpa spricht in diesem Zusammenhang von Abfall, der als Dünger für den Entwicklungsprozeß verwendet werden soll: »Fähige Bauern aber sammeln ihren Abfall trotz schlechten Geruches

und schmutziger Arbeit, und wenn er gebrauchsfähig ist, verteilen sie ihn über ihren Acker.«
Daher soll auch der Mensch seine Schattenseiten erkennen und bejahen. Er muß sie erforschen und muß akzeptieren, daß dies alles Dinge sind, die zu ihm gehören. Erst dann hat er in diesem Fall die beiden Pole der Wirklichkeit angenommen und lernt sich selbst zum ersten Male umfassender kennen. Mit dieser Selbsterkenntnis erfüllt der Mensch eine der wesentlichen Forderungen, die das Leben an ihn richtet. Thorwald Dethlefsen formuliert das so: »Das höchste Ziel des Menschen – nennen wir es Weisheit oder Erleuchtung – besteht in der Fähigkeit, alles anschauen zu können und zu erkennen, daß es gut ist, wie es ist.«
Meditation unterstützt die Selbsterkenntnis, hilft uns bei der Nutzbarmachung des inneren Schattens. Das ist der Grund, warum bei zunehmend mehr Richtungen der Psychotherapie Meditationstechniken eingesetzt werden. Durch die tiefe innere Ruhe, die bei der Meditation entsteht, verschwinden Ängste und Verkrampfungen. Gedanken und Wünsche, die bisher stark angstbelegt waren, haben durch die von der Meditation geförderte wertfreie Haltung die Chance, aufzutauchen.
Der Prozeß der Selbsterkenntnis ist oft sehr schmerzhaft. Wer diesen Weg geht, gerät dabei gelegentlich mit Dingen in Berührung, die ihn entsetzen. Es brechen anscheinend unüberwindbare Gegensätze auf, und der Schrecken der Polarität wird überaus deutlich. Doch erst wenn wir uns immer

wieder mit diesen Phänomenen unserer Seele beschäftigen, können wir sie verstehen und in der Polarität die Kraft der Einheit erkennen. Die Meditationstechniken geben uns die Chance, die Grenzen unseres dualen Weltbildes zu überschreiten, die scheinbaren Gegensätze wieder zusammenzufügen, unsere gewohnte Subjekt-Objekt-Unterscheidung aufzulösen und die Gesamtschau herzustellen.

Einheit erreichen wir dann, wenn wir unser begrenztes Wachbewußtsein mit dem Unbewußten, das unbegrenzt ist und alles enthält, verschmelzen. Dazu muß die Trennschicht zwischen den Bewußtseinsebenen ›gereinigt‹ und durchlässig gemacht werden. Meditation kann das erreichen. Es ist ein Sprung ins Unbewußte, in die Tiefen unserer Persönlichkeit. Deshalb ist Meditation weitaus mehr als eine reine Entspannungsübung, als die sie bei uns im Westen so populär geworden ist. Entspannung und Streßlösung sind angenehme Begleiterscheinungen – mehr nicht.

Diesem komfortablen Zwischenergebnis der Meditation folgt die oft weniger angenehme Suche nach der vollständigen Persönlichkeit. Getrennt von einem großen Teil unserer Seele, machen wir uns mit Hilfe der Meditation auf den schwierigen Weg, unser Wesen in seiner ganzen Fülle zu erkennen. Darauf muß gefaßt sein, wer sich mit Meditation einläßt, denn ganz gleich, aus welchen Gründen wir Meditation begonnen haben – sie gibt uns immer mehr, als wir erwarten.

DIE MEDITATIONSTECHNIKEN

Es gibt eine Vielzahl von Meditationstechniken, und alle haben ein gemeinsames Ziel: sich selbst überflüssig zu machen. Das klingt verwirrender, als es tatsächlich ist.

Ziel aller Meditationstechniken ist ein meditativer Zustand, in dem sich die bislang brachliegenden Bewußtseinsbereiche offenbaren können. Der Zugang zu diesen unerforschten, im Dunkel unserer Seele liegenden Ebenen wird jedoch durch die hektische Alltagsbetriebsamkeit unseres Wachbewußtseins versperrt. Hier wird so aktiv gedacht und analysiert, daß keine Gelegenheit mehr besteht, sich um die für unsere Gesamtpersönlichkeit so wichtigen Inhalte des Unbewußten zu kümmern.

Entscheidende Voraussetzung für das erfolgreiche Erreichen eines meditativen Zustandes ist deshalb, unser Bewußtsein von den alltäglichen Inhalten zu leeren und Platz darin zu schaffen für all das, was aus den unteren Ebenen unserer Seele aufsteigen und sich bemerkbar machen will. Das ist leichter gesagt als getan. Wer jemals versucht hat, nur eine einzige Minute lang ganz still zu sitzen und an nichts, an überhaupt nichts zu denken, der hat festgestellt, daß es unmöglich ist, alle Gedanken, Empfindungen und Phantasien aus dem Bewußtsein zu vertreiben.

Die Meditation weiß um dieses Problem. Im Laufe ihrer langen Geschichte wurden deshalb Techniken entwickelt, mit deren Hilfe das Bewußtsein weitgehend geleert werden kann. Diese Methoden tragen dazu bei, unsere Gedanken auf einen einzigen Gegenstand oder auf eine einzige Tätigkeit zu konzentrieren. Systematisch wird alles andere aus dem Bewußtsein eliminiert, und wir verweilen bei einer einzigen Sache. Das Entscheidende dabei ist nicht, bei welcher Sache wir verweilen; wesentlich ist das Verweilen an sich.

Meditationstechniken bilden jenen aktiven Schritt, den wir benötigen, um unser rationales, begrenztes Denken zu beschwichtigen, damit wir in den Zustand des Nicht-Tuns, der passiven Bewußtheit, des stillen Gewahrseins – was Meditation ist – eintauchen können.

Wer lange genug mit Hilfe dieser Techniken seine Gedanken auf einen Punkt zu fokussieren geübt hat, ist irgendwann auch in der Lage, diesen letzten Gedanken aus seinem Bewußtsein zu tilgen. Dann ist der Zustand der Meditation erreicht – und die Techniken werden überflüssig. Der Vorgang der Technik also ist noch nicht Meditation, weil er noch Aktivität ist, aber er kann uns in die Meditation führen. Je mehr Energie für die Technik verwendet wird, desto weniger werden störende Gedanken auftauchen.

Wenn man beispielsweise den Tanz als Meditationstechnik verwendet, wie das die Sufi-Derwische tun, wird irgendwann der Moment kommen,

daß man nur noch tanzt, nicht mehr denkt und selbst zum Tanz wird.
»Meditation«, schreibt Claudio Naranjo vom *Esalen Institut* im kalifornischen Big Sur, »beschäftigt sich mit dem Entwickeln einer Gegenwart, einem Seinszustand, der in jeder Situation, in der sich der einzelne befinden mag, ausgedrückt oder herausgebildet werden kann.« Und weiter: »Diese Gegenwart verwandelt, was immer sie berührt. Ist ihr Medium die Bewegung, wird sie sich in Tanz verwandeln; ist es Ruhe, wird sie zur lebenden Skulptur; ist es der Gedanke, wird es zu höheren Bereichen der Intuition; ist es die Wahrnehmung, wird sie zur Verschmelzung mit den Wundern des Daseins; ist es das Gefühl, wird es zur Liebe; ist es Gesang, wird es zur geheiligten Äußerung; ist es die Sprache, wird sie zum Gebet und zur Dichtung; sind es die Tätigkeiten des gewöhnlichen Lebens, werden sie zu einem Ritual im Zeichen Gottes oder zu einer Feier des Daseins.«

INTELLEKT UND MEDITATION

Wer sich auf den Weg der Meditation macht, wird über kurz oder lang auf ihren Gegenpol, den Intellekt stoßen. Der Intellekt ist bei den meisten westlichen Menschen die beherrschende Instanz. Er bestimmt, wo es lang geht, Ziel, Richtung und Geschwindigkeit, eigentlich alles Wesentliche, beziehungsweise alles, was wir dafür halten. Meditation gehört da eindeutig nicht dazu, wendet sie sich doch nach innen, unserer Mitte zu. Der Intellekt aber kümmert sich mit Vorliebe um die Oberfläche in ihrer ganzen Breite und Vielfalt. Er ist es, der der ständigen Abwechslung bedarf, um bei Laune zu bleiben, der die Partner wechseln will und die Arbeit, umziehen muß an andere Orte, ständig neue Reiseziele sucht, das Automodell, die Kleidung und die Frisur den neuesten Trends angepaßt haben will. Er braucht Spannung und Abwechslung, und nur Bewegung stimmt ihn zufrieden. So ist auch der äußere Redefluß ebenso wie der noch viel unablässigere innere Gedankenstrom ein Produkt des Intellekts.

Meditation stellt zu all dem den Kontrapunkt dar und ist uns deshalb, da wir in unseren Breiten seit Jahrhunderten auf den Intellekt setzen, anfangs ungewohnt, ja oft sogar befremdlich. Meditation kümmert sich in den allermeisten Fällen gar nicht um den Intellekt und ruft ihn so nicht selten als

Gegner auf den Plan. Auch in diesen Fällen wird er meist weiter ignoriert, und so kommt es, daß er uns häufig mit guten Argumenten vom Weg der Meditation wieder abbringen will. Solche Argumente können dann etwa folgendermaßen klingen: »Das ist mir zu langweilig«, »das ist ja schon wieder dasselbe«, »am Anfang war es ja ganz interessant, aber jetzt macht es mir keinen Spaß mehr«.

Meditation muß durch solche Phasen hindurchgehen und nähert sich überhaupt erst ihrem wirklichen Anliegen, wenn sie die Phase des intellektuellen Protestes hinter sich gebracht hat.

Besonders wer sich dem Thema neu zuwendet, sollte solche Gegenwehr in die Wahl einer Technik miteinbeziehen und sich für den Anfang eher Meditationsformen wählen, die dem Intellekt nicht zuviel Störmöglichkeiten einräumen. Etwa sind die geführten Meditationen, mit denen der praktische Teil der Tierkreiszeichenmeditationen beginnt, für intellektuelle Proteste weniger anfällig, da sie doch ziemlich viel Abwechslung enthalten und das Kennenlernen der eigenen Innenwelt noch vor dem »Leerwerden« rangiert. Meditation, die wie Za-Zen auf absolute Leere zielen, sind anfangs besonders anfällig für intellektuelle Gegenspiele und daher mehr für fortgeschrittene Meditierende geeignet, die die erste Auseinandersetzung mit dem Intellekt schon hinter sich gebracht haben.

Für dieses Problem mag auch die hier gewählte Form, Meditationen einem bestimmten Urprinzip bzw. einem bestimmten Tierkreiszeichen zuzu-

ordnen, erleichternd sein. Denn wenn man sich eine Technik wählt, die dem eigenen Grundprinzip naheliegt, hat man natürlich weniger innere Ablehnung zu bewältigen.
Grundsätzlich sollten wir uns aber klarmachen, daß Meditation all dem zuwiderläuft, was in unserer Gesellschaft wichtig und vorrangig ist. Meditation müßte man dem weiblichen Pol der Wirklichkeit zuordnen, während unser gesellschaftliches Leben eindeutig vom männlichen Gegenpol bestimmt wird. So gehen all die üblichen Forderungen, nach denen wir erzogen und ausgebildet worden sind, am Thema der Meditation glatt vorbei.
Es ist nämlich nicht möglich, schnell zu meditieren, genausowenig, wie wir schnell beten können. Es läßt sich dabei weder Zeit noch Geld einsparen, die Effizienz läßt sich nicht steigern, die Leistung nicht erhöhen. Ja, was vielleicht aus dieser Sicht das Schlimmste ist, es bringt nichts. Jedenfalls nichts Greifbares, bestenfalls eben wirklich das »Nichts«, das aber nur nach sehr langer Übung. Etwas zu tun, bei dem bestenfalls »Nichts« herauskommt, ist aber nach landläufiger Meinung »verlorene Zeit«. Tatsächlich geht es auch gerade darum, die Zeit zu verlieren, sich außerhalb alles beherrschenden Einflusses zu begeben.
An diesen wenigen Wortspielen läßt sich schon erkennen, wie wenig wir dem Thema »Meditation« mit unserer gewohnten logischen Denkart gerecht werden. Im intellektuellen Denken ist Zeit Geld

und begrenzt, sie muß also genutzt und darf keinesfalls verschwendet werden.
Wenn wir meditieren, verlassen wir diesen engen Definitionsrahmen, und Zeit erscheint uns weniger unter ihrem quantitativen Aspekt, als vielmehr unter dem ihrer Qualität, ja sie hört letztendlich ganz auf, meßbar zu sein, wird nur noch erlebbar...
Dieser Schritt in Richtung Gegenpol, in unserem Fall in Richtung der weiblichen Seite des Menschen, ist wohl der schwierigste Schritt im Leben überhaupt, und so sollten wir Geduld mit uns haben und uns viele Chancen geben. Wir sollten auch Verständnis für unseren männlichen Teil, den Intellekt haben, denn schließlich ist es für niemanden leicht, einen Teil der eigenen Macht abzugeben, selbst dann nicht, wenn das ferne Ziel, das Gleichgewicht zwischen Yin und Yang, links und rechts, weiblich und männlich ist, für alle Beteiligten nur Vorteile bringt.

DIE WIRKUNGEN DER MEDITATION

Streß ist eine der häufigsten Belastungen des westlichen Menschen. Seine Symptome sind Nervosität, Gereiztheit, Muskelverkrampfung und Überanstrengung. Den Fachleuten gilt er als Ursache zahlreicher Zivilisationskrankheiten. Streß hat eine fehlende Ausgeglichenheit im Organismus als Reaktion auf Umwelteinflüsse zur Folge. Dabei werden alle erhaltenden Funktionen des Körpers wie Verdauung, Zellaufbau und Zellreinigung gedrosselt und alle aktivierenden sowie mobilisierenden Funktionen gesteigert. Der Körper bereitet sich auf Kampf oder Flucht vor. Das ist in bestimmten Situationen sinnvoll. Dem Menschen erschließt sich durch Streßreaktionen eine ganze Reihe von speziellen Gegenmaßnahmen, mit denen er auf Umweltreize richtig reagieren kann, um danach wieder zu harmonischen Verhaltensweisen zurückzukehren.

Gefährlich wird Streß nur dann, wenn er zu oft vorkommt und überdies nicht abreagiert werden kann. Sinnlos bereitet sich der Körper in solchen Fällen auf Aktion vor, kann diese aber nicht ausleben, weil Angriff genauso wie Flucht gesellschaftlich als unmögliches Verhalten gelten. Wenn sich z. B. eine Geschäftsbesprechung negativ für mich zuspitzt, nutzt es in den meisten Fällen gar nichts,

entweder dem Gesprächspartner die Faust ins Gesicht zu rammen oder den Raum fluchtartig zu verlassen. Im Gegenteil: Wir tun so, als sei nichts passiert, und schlucken Wut oder Angst unauffällig hinunter.
Dabei werden zwar die Streßhormone ausgeschüttet, das Herz klopft schneller, und der Blutdruck steigt – aber es gibt kein Ventil dafür. Der Streß dreht sich sozusagen isoliert im Kreis und frißt sich tief in uns hinein, und es ergeben sich zwei unangenehme Folgen:
– Dauerstreß schwächt das Immunsystem. Der Körper ist nicht mehr in der Lage, Krankheitserreger wirksam zu bekämpfen.
– Streß belastet die Psyche. Angst und Wut setzen sich tief in uns fest, weil sie keinen Ausweg finden.
Die in uns aufbewahrten alten Stresse sind besonders verhängnisvoll. Wir sind uns zwar dieses Ballastes nicht bewußt, doch bedeutet das keinesfalls, daß sie damit verschwunden sind. Unerkannt vom Wachbewußtsein, rumoren sie im Unterbewußten und belasten dadurch unser gesamtes Wesen.
Die meisten Menschen haben ein Verfahren entwickelt, wie sie mit den in jedem von uns vorhandenen inneren Stressoren fertig werden können: Sie riegeln ihr Bewußtsein gegenüber den darunterliegenden streßbelasteten Schichten ab, Grenzüberschreitungen werden nicht zugelassen. Das Unterbewußte wird wie eine Sondermülldeponie mit gefährlichem Inhalt behandelt. Das mag zwar

eine Zeitlang funktionieren, aber irgendwann sind die Kapazitäten unserer Abfallhalde für den Seelenmüll erschöpft. Die Deponie fließt über, die alten Stressoren kehren zerstörerisch ins Bewußtsein zurück und äußern sich dann als seelischer Leidensdruck und psychosomatische Störung.

Indem wir unsere tieferen Seelenschichten vor unserem Bewußtsein abschotten, handeln wir uns noch einen zweiten Nachteil ein: Wir vergeben nämlich die Chance, von den unerschöpflichen Kräften zu profitieren, die ebenfalls jenseits des Wachbewußtseins lagern. Dadurch werden wir zu einem gefühlsmäßig reduzierten Wesen mit geringem seelischem Tiefgang, das seine schöpferischen Energien und seine produktive Kreativität verloren hat.

Als derartiger Gefühlskrüppel ist der Mensch durchaus noch in der Lage zu funktionieren, solange er imstande ist, alles zu verdrängen, was ihn belastet. Zu einer seelisch-geistigen Weiterentwicklung ist er allerdings in solch einer Situation nicht mehr fähig. Zur persönlichen Krise kommt es, wenn die Psychomüllkippe voll ist und die unbearbeiteten seelischen Inhalte ins Bewußtsein schwemmt.

Es gibt verschiedene Methoden, um eine derartige seelische Blockade aufzulösen und einen neuen Zugang zu unserem Innenleben zu finden. Dieses Ziel haben viele Methoden der Psychotherapie.

Eine der einfachsten und umfassendsten Methoden ist die Meditation. Neueste naturwissenschaftliche Forschungen und uralte Erfahrungen belegen übereinstimmend die integrierenden Wirkungen der unterschiedlichen Meditationsarten. Mit ihrer Hilfe gelingt es, Seele wie Körper zu beruhigen und zu entspannen. Das ist nicht ein Schutz vor Streß, der von außen auf uns einwirkt, sondern die Chance, die Barrieren zwischen unseren Bewußtseinsebenen abzubauen. Im Zustand der Tiefenentspannung werden alte Stresse gelöst und wird ein neues Grundvertrauen geschaffen.

Dies alles läßt ein spezieller Teil der Meditation geschehen. Durch die vollständige oder teilweise Leerung des Bewußtseins während der Meditationsphase öffnet sich unser Geist für neue Erfahrungen. Im Gegensatz zu Psychoanalysen und Streßlösungsprogrammen gehen wir bei der Meditation wertfrei und ziellos in unserer eigenen Psyche auf Entdeckungsreise. Wir wollen nichts erreichen, sondern lassen geschehen und akzeptieren, was geschieht. Unsere Seele weiß diese Freiheit zu schätzen. Ungezwungen richtet sich während der Meditation ein innerer Suchscheinwerfer auf die dunklen Gebiete unserer Psyche. Weil wir nichts erreichen müssen, können wir alles erreichen.

Psychologen haben ein Modell entwickelt, wie die Streßlösung und die Bewußtseinserweiterung während der Meditation ablaufen. Gleichsam wie mit einem Fahrstuhl fährt unser Bewußtsein in tiefere Schichten, die uns bisher verborgen geblieben waren. Dort werden seelische Materialien bearbeitet und aufbewahrt. Gefühle wie Angst, Wut,

Haß und Mißtrauen werden entdeckt, akzeptiert und damit neutralisiert; schöne Gefühle wie Liebe, Vertrauen und Freude werden gefördert. Dieser ständige Wechsel zwischen immer tiefer wirkender Entspannung und Gefühlsverarbeitung erfolgt unsystematisch und reguliert sich selbsttätig. Normalerweise können wir uns deshalb bei der Meditation nicht überfordern. Anpassungsfähig und flexibel arbeiten wir während der Meditation an einem Kern der menschlichen Existenz. Die Wirkungen dieser Arbeit sind deshalb auf unterschiedlichen Ebenen wahrnehmbar. Körper und Seele werden wohltuend beeinflußt. Wir lernen uns besser kennen und entwickeln daraus die Fähigkeit zu einer positiveren Kommunikation mit anderen.
Wer in der Lage ist, sich zu akzeptieren, kann auch andere leichter anerkennen. Wer sich selbst kennt, kann sich leichter und klarer verwirklichen, weil er dann Manipulationsversuchen von außen her weniger leicht ausgeliefert ist. Den Psychologen Lutz Schwäbisch und Martin Siems erscheint das als »die beste Garantie gegen totalitäre und inhumane politische Entwicklungen«. In ihrem Buch ›Selbstentfaltung durch Meditation‹ erklären sie: »Jede Verringerung von Neurotizismus hilft unmenschliche Gesellschaften, Politik und Gesetze zu verhindern.«

Fundierte Untersuchungen über die Wirkungen der Meditation gibt es nur in bezug auf die Transzendentale Meditation (TM), die christliche Meditation, auf Zen und Yoga. Man kann aber davon ausgehen, daß diese Wirkungen meditationstypisch sind, also auch bei allen anderen Meditationsarten auftreten können. Besonders oft werden folgende genannt:

– Nach regelmäßiger meditativer Übung stellt sich ein grundsätzliches Gefühl der Entspannung, Ruhe und Gelassenheit ein. Wer meditiert, fühlt sich nicht mehr so gehetzt und gedrängt. Umweltreize belasten ihn weniger, er zeigt seltener Streßreaktionen. Trotz größerer Ruhe steigert sich die Reaktions- und Konzentrationsfähigkeit.

– Meditation führt zu größerer Selbstakzeptanz, zu mehr Selbstvertrauen und Selbstidentität und zu einer besseren Selbstverwirklichung. Daraus entstehen größere Unabhängigkeit, Selbständigkeit, Risikobereitschaft und Toleranz gegenüber anderen.

– Die allgemeine Lebenseinstellung wird durch Meditation offenkundig positiv beeinflußt und stabilisiert. Man fühlt sich ausgeglichen und verfügt über eine heiter-gelassene Zufriedenheit. Es fällt leichter, eigene Affekte zu erkennen und zu kontrollieren.

– Die körperliche und geistige Leistungsfähigkeit steigt, die Intelligenz nimmt meßbar zu. Es wurde auch eine größere Kreativität festgestellt.

– Die Sensibilität nimmt zu. Hierbei soll darauf hingewiesen werden, daß dies nicht nur Vorteile mit sich bringt. Neben einer gesteigerten Wahrnehmungsfähigkeit in allen Bereichen kann die allgemeine Gefühlssituation an Stabilität verlieren;

man ist anfälliger für Stimmungsschwankungen, seelische Schattenbereiche dringen leichter an die Oberfläche, man ist der Gefühlswelt vermehrt ausgeliefert, die Frustrationsgrenze kann sinken. Magen und Bauch werden dadurch zu empfindlicheren Körperregionen.

– Einzelne Forschungen belegen, daß durch Meditation die Erinnerungs- und die Lernfähigkeit gesteigert werden, daß es leichter fällt, arithmetische Probleme zu lösen, daß die motorische Geschicklichkeit zu- und die Angst abnimmt.

Mediziner haben herausgefunden, daß die Meditation im Rahmen ihrer Breitenwirkung in der Lage ist, hohen Blutdruck zu senken und Einschlafstörungen zu beseitigen. Drogenmißbrauch wird durch Meditation gemeinhin drastisch reduziert. In den USA wurde sogar in einer wissenschaftlich kontrollierten Untersuchung an TM-Schülern festgestellt, daß meditative Übungen zu einer Besserung bzw. völligen Eliminierung folgender Symptome führen können: Magengeschwüre, Asthma, Epilepsie, Multiple Sklerose, Allergien, Kopfschmerzen, Akne, Übergewicht, Verspannungen. Nachdem bekannt ist, daß häufiger Streß mit einer Schwächung des Immunsystems einhergeht, ist es kein Wunder, daß Meditation durch seine Entstressungs-Funktion auch dazu beiträgt, die Anfälligkeit für Infektionskrankheiten wie Erkältung oder Grippe zu mindern.

Letztendlich können alle Krankheitssymptome, nicht nur die oben angeführten, verschwinden.

Körperliches und seelisches Wohlbefinden laufen parallel, bedingen einander. Krankheit ist nichts anderes als eines der dringendsten und nicht mehr so leicht ignorierbaren Warnsignale, daß wir in unserer Seele etwas nicht beachtet haben. Da nun Meditation die wertfreie Wahrnehmung unserer seelischen Bereiche ermöglicht, wir dabei in Kontakt mit dem »Inneren Arzt« bzw. unserem »Inneren Weisen« kommen, der immer am besten weiß, was gut und richtig für uns ist, werden wir alle Teile unseres Wesens erkennen und besser leben können, und körperliche Krankheit wird dadurch überflüssig.

Voraussetzung für solche »Erfolge« der Meditation ist allerdings, daß man nicht versucht, derartige Erfolge gezielt zu erreichen. Meditation wirkt nur dann entspannend und heilend, wenn sie ungezwungen und nicht zielgerichtet erlebt wird. Körper und Geist wissen besser als unser Tagesbewußtsein, wo Entstressung, Angstlösung und Selbsttherapie ansetzen und wirken müssen. Wer meditiert, muß vertrauen und lernen, sich von den alltäglichen Zwängen zu lösen, die stets ein ganz konkretes Ziel erreichen wollen. Alle Gedanken, Gefühle und Phantasien, die während jeder Meditation auftauchen, werden wertfrei und kommentarlos akzeptiert.

Besonders schwer fällt es den meisten Anfängern der Meditation, auch unangenehme Symptome als sinnvoll und zur eigenen Persönlichkeit gehörend anzuerkennen. Zwar soll Meditation Spaß machen

und keinesfalls während oder nach der Versenkung quälend wirken.
Gelegentlich können jedoch bei der Lösung alter Stresse beunruhigende Erscheinungen auftreten. Dann kommt es zu Schwitzen, Fieber, Muskelzucken oder Zittern. Das sind harmlose Phänomene, die man am besten einfach geschehen läßt, denn sie zeigen an, daß wir körperliche Spannungen abbauen. Nach einiger Zeit verschwinden diese Symptome von allein.
Auch Kopfschmerzen, Müdigkeit und ein Gefühl, als sei man in Watte gepackt, sind Zeichen einer Lösung von alten psychischen und physischen Schlacken. Es besteht kein Grund zur Beunruhigung, wenn diese Symptome zu Beginn der Meditation erscheinen. Nervosität, Gereiztheit und Hautjucken offenbaren, daß sich vorher unterdrückte Aggressivität freimacht. Gelegentlich beginnen alte Operationsnarben wieder zu schmerzen. Damit wird signalisiert, daß der im Unterbewußtsein vorhandene Schmerz, den die Operation unter Narkose verursacht hat, bewußt und damit gelöst wird. Die Schmerzerscheinungen dauern nur Stunden oder wenige Tage an.
Weil bei der Meditation auch Angst, Traurigkeit, Einsamkeit, Wut, Ärger und Depressionen gelöst werden, geraten diese vorübergehend wieder ins Bewußtsein. Das ist jedoch kein Grund, zu erschrecken. Wenn wir uns mit diesen Gefühlen auseinandersetzen, können wir sie auflösen; Widerstand dagegen fixiert sie.

Die genannten Symptome treten nur in wenigen Ausnahmefällen auf und doch dokumentieren sie den Entstressungsvorgang und das Eindringen in tiefere Schichten des Bewußtseins. Wer nicht in der Lage ist, diesen Inhalt seines Unterbewußtseins zu akzeptieren, vergibt eine Chance zur Selbstfindung und Selbstentwicklung.
In seltenen Fällen ist es allerdings angebracht, eine andere Meditationsart zu wählen. Jede Methode wirkt individuell verschieden. Manche Menschen kommen besser mit einer heftigen, aber schnellen Entstressung zurecht, andere fühlen sich bei einer sanften und behutsamen seelischen Reinigung wohler.
Es liegt jeweils in der ganz persönlichen Verantwortung, welchen Weg man wählt. Keine der vielen Meditationsarten ist besser als die andere, keine ist schlechter, aber manche passen genauer zur jeweiligen Persönlichkeit.
Meditation, richtig verstanden, ist nie gefährlich. Stets verhält sie sich harmonisch zu den wahren und zentralen Bedürfnissen von Körper und Seele. Natürlich können Schattenbereiche an die Oberfläche kommen, die beängstigend und gefährlich erscheinen. In solchen Fällen ist es wichtig, dabeizubleiben und durch diese Tiefen hindurchzugehen. Ein Abbrechen in diesen Momenten würde unter Umständen bewirken, daß man in jener dunklen Stimmung des Abbruchmomentes ziemlich lange auch noch nach Ende der Meditation bleiben würde. Außerdem ist es in einem solchen

Fall sogar wahrscheinlich, beim nächsten Meditationsversuch wieder in dasselbe Loch zu geraten. Geht man dagegen durch Schattenbereiche hindurch, indem man einfach in Meditation bleibt, wird man sie mit der Zeit auflösen und so auch im täglichen Leben von ihrem Einfluß frei werden.

WAS GESCHIEHT BEIM MEDITIEREN?

In den sechziger Jahren machte der amerikanische Physiologe Robert Keith Wallace eine interessante Entdeckung: Bei der Überprüfung der elektrischen Gehirnaktivität während der Meditation ließ er die Daten vom Computer eines Instituts für Gehirnforschung auswerten. Die Rechneranlage meldete Erstaunliches: Bei der Meditation verliefen die Spannungsschwankungen im Gehirn auf einmalige Art und Weise. Wallace hatte damit einen vierten Bewußtseinszustand entdeckt. Bis dahin waren den Experten nur der Wach-, der Schlaf- und der Traumzustand bekannt gewesen. Diese drei Stadien hatte man zuverlässig mit Hilfe eines Elektroenzephalogramms (EEG) bestimmen können. Jetzt kam ein viertes Stadium hinzu, das kurz nach Beginn der Meditation durch eine Zunahme der Alpha-Wellen-Aktivität in den zentralen und frontalen Gehirnabschnitten gekennzeichnet war. Wallace sprach von einem »transzendentalen Zustand«.

Zum ersten Male kam man damals mit naturwissenschaftlichen Methoden den Veränderungen in Körper und Geist auf die Spur, die während der Meditationsphasen auftreten. Zwar sind die meisten Untersuchungen an Probanden vorgenommen worden, die mindestens drei Monate lang

Transzendentale Meditation betrieben hatten, aber einzelne Experimente mit christlicher Meditation, Zen und Yoga bestätigten die Ergebnisse. Es kann deshalb davon ausgegangen werden, daß die gerade beschriebenen Vorgänge in der Physiologie des Menschen unabhängig von der Meditationsart auftreten.
Aus der Schlaf- und Traumforschung wissen wir, daß in diesen beiden Bewußtseinszuständen wichtige Entstressungsvorgänge stattfinden und Belastungen des Tages verarbeitet werden können. Speziell in einer bestimmten Phase des Tiefschlafs, die pro Nacht etwa vier- bis fünfmal 20 Minuten lang auftritt, wird unser Gehirn sehr aktiv. Die Augäpfel bewegen sich plötzlich schnell hin und her, als ob sie ein imaginäres Ping-Pong-Spiel beobachteten. Die Schlafforscher nennen diese Phase REM-Phase. REM steht für *rapid eye movements* (schnelle Augenbewegungen).
Aus Versuchen weiß man, daß in diesen Phasen besonders heftig geträumt wird. Weckt man Versuchspersonen immer dann auf, wenn die REM-Phase eintritt, und verhindert damit ihr Träumen, werden die Probanden desorientiert, reizbar und krank.
Ähnlich scheinen auch meditative Zustände zu wirken. Sie sind dazu geeignet, tiefersitzende Streßerscheinungen zu lösen, und tragen dazu bei, Körper und Geist regelmäßig zu entspannen und zu regenerieren. Während des transzendentalen Zustandes geschieht allerdings wesentlich mehr als

in der Traumphase. Die regelmäßigen Alpha-Wellen zeigen, daß unser Bewußtsein während der Meditation hellwach ist. Gleichzeitig sind wir jedoch auf dem meditativen Weg in unser inneres Zentrum vor Umweltreizen geschützt. Während im Wachzustand jede Störung sofort mit einer Blockade der Alpha-Wellen beantwortet wird, bleiben wir während der Meditation entspannt und gelassen. Umweltreize beeinflussen die elektrischen Gehirnaktivitäten kaum oder gar nicht.
Der konstante Alpha-Rhythmus breitet sich bereits wenige Minuten nach Beginn der Meditation über die zentralen und frontalen Gehirnabschnitte aus und hat dort eine harmonisierende Wirkung. Im Gleichklang der Alpha-Wellen (8–9-Hertz-Wellen) geschieht etwas, das von einigen Wissenschaftlern mit Erstaunen betrachtet wird: Die Schwingungen beziehen die gewöhnlich weniger aktive rechte Gehirnhälfte gleichmäßig mit ein. Plötzlich synchronisieren sich die Vorgänge in den beiden Hemisphären. Das ist wichtig, weil die bei uns stets dominierende linke Hemisphäre vor allem für das analytisch-logische Denken zuständig ist. Rechts dagegen laufen schöpferisch-abstrakte Prozesse ab, dort ist die Intuition, der Zugang zu feineren Bewußtseinsbereichen, lokalisiert.
Nach einer ganzen Reihe von Untersuchungen nimmt Dr. Bernhard Glueck vom amerikanischen *Hartford Institute for Living* an, daß sich während einer bestimmten Phase der Meditation mehrere Billionen Gehirnzellen aus der rechten Hemisphä-

re in das aktive Netzwerk zuschalten. Wenn diese Annahme zutreffend ist, kann damit die enorme Expansion der bewußten Wachheit und Verarbeitungsfähigkeit erklärt werden.

Interessant ist dieser Vorgang auch unter einem anderen Gesichtspunkt. Aus Untersuchungen des Neurochirurgen Wilder Penfield von der Universität Montreal wissen wir, daß unser Gehirn unendlich große Speicherkapazitäten besitzt. Wie bei einem lebenslänglichen Live-Mitschnitt werden dort alle Erfahrungen gesammelt, die wir jemals gemacht haben. Sämtliche Eindrücke sind irgendwo in unseren grauen Zellen festgehalten.

Unser Gehirn vergißt also prinzipiell nichts. Es kann lediglich vorkommen, daß wir bestimmte Erinnerungen nicht mehr abrufen können, weil sie in momentan unzugänglichen Regionen unseres Gehirns archiviert sind. Teilweise haben wir diese Informationen absichtlich dort versteckt, weil ihr Erinnerungsinhalt für uns unangenehm oder angstauslösend ist; teilweise sind sie aber auch ohne unser Zutun dort gelandet. Der innerhalb unseres Gehirns Barrieren lösende Effekt der gleichförmigen Alpha-Wellen erklärt deshalb auch, warum wir in der Meditation in der Lage sind, alte Stresse wahrzunehmen und zu lösen.

Während unser Gehirn bei der Meditation nachweislich der EEG-Messungen hellwach ist, treten ansonsten nachhaltige Entspannungsphänomene auf:

– Sauerstoffverbrauch und Stoffwechselrate sinken um bis zu 20 Prozent. Das sind höhere Entspannungswerte, als sie gemeinhin beim Schlaf auftreten.

– Der Hautwiderstand steigt um bis zu 500 Prozent, was bedeutet: Wir sind angst- und streßfrei.

– Die Herzfrequenz sinkt um durchschnittlich fünf Schläge pro Minute. Das Herz wird also weniger beansprucht.

Noch nicht gesichert, aber höchst wahrscheinlich ist die Annahme, daß während der Meditation weniger Adrenalin in die Blutbahn gepumpt wird. Adrenalin gilt als Angsthormon. Je weniger davon in unserem Blut vorhanden ist, desto angstfreier und gelassener sind wir. Übereinstimmend dagegen ergeben alle Tests der Körperreaktionen von Menschen während der Meditation einen hohen Grad der Entspannung bei absoluter Wachheit und eine bemerkenswerte Freiheit von allen Angst-Symptomen.

Parallel zu den physiologischen Forschungen haben Psychologen Modelle entwickelt, mit deren Hilfe sie beschreiben können, was während der Meditation auf der geistig-seelischen Ebene geschieht. Entscheidend ist für die Experten der Lösungsvorgang, welcher in der meditativen Phase abläuft. In einer Situation der Entspannung und des deutlich erweiterten Bewußtseins gehen wir ziellos auf die Suche nach alten, oft tief in uns verkapselten Ängsten. Wir bewegen uns dabei von außen in Richtung Mitte, auf unser innerstes Zentrum zu.

Im Gegensatz zu vielen psychotherapeutischen Verfahren werden bei der Meditation diese alten Konflikte und Probleme nicht vergrößert und oft gewaltsam nach außen gebracht, sondern unser Wahrnehmen wird verfeinert. Wir arbeiten in uns selbst und sind von Meditation zu Meditation immer besser in der Lage, immer feinere Reize zu erkennen. Doch ist das ein sehr behutsamer Prozeß. Auf dem Weg zu unserem Zentrum werden mit Hilfe der Meditation immer nur so viele alte Konflikte geortet und bearbeitet, wie wir gerade ertragen können. Dazu kommt ein noch nicht bewiesener, aber häufig berichteter Vorgang: Je tiefer wir in unser wahres Wesen eindringen, desto häufiger erreichen wir höchst angenehme Regionen des Wohlbefindens.

»ZIEL« DER MEDITATION

Meditation ist ein Weg tief in unser Inneres, in unsere Mitte. Wer sich auf diesen Pfad der Erkenntnis begibt, passiert alle inneren Schranken und beschäftigt sich im Vorübergehen mit alten, verkapselten Konflikten. Gleichsam *en passant* werden diese Konflikte gelöst. Das ist aber nicht das eigentliche Ziel von Meditation, sondern eine kurzfristig betrachtet gelegentlich schmerzhafte, auf lange Sicht gesehen jedoch immer wohltuende Begleiterscheinung. Das wahre Ziel der Meditation liegt ein ganzes Stück tiefer in uns und ist in Worten nur unangemessen zu beschreiben. Sie ist ein Weg, der zur Befreiung aus den Fesseln der Polarität führen kann.

Wir leben, abgesondert von der Einheit, in einer Welt der Gegensätze, die uns innerlich zu zerreißen droht. Aber wir ahnen eine kosmische Gesetzmäßigkeit, eine alles umfassende Einheit, und nennen sie ›Gott‹. Das ist keine Glaubensfrage, sondern lediglich ein Symbol für einen Zustand, den wir nicht in Worte fassen können.

Über die Meditation können wir wieder eine Rückverbindung zu diesem Unbeschreiblichen, zum kosmischen Bewußtsein, zum Urgrund allen Lebens herstellen.

»Erst aus dem Wissen um den Ursprung«, schreibt Thorwald Dethlefsen, »kann der Mensch sein Ziel erkennen. Das Ziel ist Vollkommenheit. Vollkommenheit ist Ausdruck der Einheit. Die Einheit nennen wir Gott.«

Wenn wir auf dem meditativen Weg in unser Innerstes die Grenzen zwischen Wachbewußtsein und Unterbewußtsein hinter uns lassen, nähern wir uns einem Gefühl der Entspannung, Geborgenheit, Zufriedenheit, des Glücks, der Wohligkeit. Schließlich verlieren wir sogar das Gefühl der eigenen Identität. Wir sind kein ›Ich‹ mehr, das stets zweckgerichtet agiert und sich gegen alles, was außerhalb des ›Ich‹ ist, abzugrenzen bemüht. Wir verlassen mit einemmal unser gewohntes Bewußtsein und geraten in einen Zustand der allumfassenden, unbegrenzten und immerwährenden Bewußtheit. Einen solchen Zustand bezeichnen wir als ›Transzendenz‹. Es gibt keinen Zweifel daran, daß diese Bewußtheit erreichbar ist. Viele Menschen aus verschiedenen Kulturen haben im Laufe der Menschheitsgeschichte Transzendenz erreicht. Ihre Beschreibungen sind stets sehr subjektiv, ähneln sich aber auf erstaunliche Art und Weise.

Der amerikanische Psychologe Abraham Maslow hat diesen Zustand als »Gipfelerlebnis« bezeichnet, in dem eine Seins-Motiviertheit im Gegensatz zur alltäglichen Defizit-Motiviertheit auftritt. Letztere führt dazu, jedem Handeln einen Zweck zu geben. Wir essen, um satt zu werden, wir joggen, um fit zu bleiben, wir lieben, um unsere sexuellen Spannungen abzubauen. Wir tun alles, um unsere Bedürfnisse zu befriedigen.

Im Zustand der Transzendenz dagegen herrscht das Gefühl, zufrieden zu sein. Alle Bedürfnisse sind erfüllt. Wir handeln nicht mehr, um ein Defizit auszugleichen, sondern um der Handlung willen. Wir bewerten nicht mehr, sondern akzeptieren. Wir sind wir.
Maslow hat auf verschiedene Arten versucht, den Gipfelzustand der Transzendenz zu beschreiben, und bezeichnet die dabei auftretende Art der Bewußtheit als S-Wahrnehmung oder S-Erkenntnis:

»1. Im S-Erkennen wird das Wahrnehmungsobjekt als Ganzes und als Einheit wahrgenommen, unabhängig von dessen Nützlichkeit und Angemessenheit.
2. Im S-Erkennen füllt das Wahrnehmungsobjekt die Aufmerksamkeit so vollständig aus, daß es daneben nichts auf der Welt zu geben scheint.
3. Der Erkenntnisgegenstand wird losgelöst von den eigenen Bedürfnissen wahrgenommen. So ist dann die Natur für sich selbst da und nicht ein menschlicher Spielplatz, für menschliche Zwecke eingerichtet.
4. Während die normale Wahrnehmung nach einiger Zeit gesättigt wird, wird die S-Wahrnehmung bei wiederholter Wahrnehmung immer faszinierender.
5. Wahrnehmung in den Grenzerfahrungen ist Ich-transzendierend, Selbst-vergessen, Ich-

los, sie ist unmotiviert, unpersönlich, wunschlos, selbstlos, bedürfnislos.

6. Die Grenzerfahrung wird als sich selbst bestätigender, sich selbst rechtfertigender Augenblick empfunden, der seinen eigenen inneren Wert in sich trägt. Das bedeutet, daß sie ein Zweck an sich ist.
7. In Grenzerfahrungen besteht eine charakteristische Desorientierung in Zeit und Raum.
8. Alles wird als gut, wünschenswert und sinnvoll wahrgenommen. Das, was ist, wird akzeptiert, wie es ist, wird nicht verglichen und gewertet.
9. Grenzerfahrungen sind eine absolute Erfahrung und verhältnismäßig unabhängig vom individuellen wie auch kulturellen Bezugsrahmen.
10. S-Erkennen ist mehr passiv und rezeptiv als aktiv.
11. Die emotionelle Reaktion bei Grenzerfahrungen hat einen besonderen Beigeschmack des Wunders, der Scheu, der Ehrfurcht, der Bescheidenheit und der Auslieferung an die Erfahrung als an etwas Großes.
12. Die ganze Welt wird als Einheit wahrgenommen.
13. Die Wahrnehmung ist ungefiltert durch Kategorien und damit konkreter und einzigartiger.
14. In Grenzerfahrungen werden viele Dichotomien (= Zweiteilungen), Polarisierungen und

Konflikte verschmolzen, transzendiert oder aufgelöst. Man ist gleichzeitig egoistisch und selbstlos, dionysisch und apollinisch, individuell und sozial, rational und irrational, mit anderen eins und von anderen distanziert.

15. Der Mensch ist auf dem Gipfel seiner Grenzerfahrung gottähnlich, besonders in der vollständigen, liebenden, nicht verdammenden, mitempfindenden und vielleicht erfreuten Akzeptierung der Welt und des Menschen.
16. Die Wahrnehmung ist idiographisch (= einmalig) und nicht klassifizierend.
17. In der Grenzerfahrung geschieht ein vollständiger, wenn auch nur augenblicklicher Verlust von Angst, Furchtsamkeit, Hemmung, Abwehr und Kontrolle – eine Preisgabe des Verzichts, des Zögerns und der Zurückhaltung.
18. Es scheint eine Art dynamischer Parallelismus oder Isomorphismus (= Gleichklang) zwischen dem Innen und dem Außen zu bestehen. Wenn man das wesentliche Sein der Welt wahrnimmt, kommt man gleichzeitig seinem eigenen Sein näher.
19. Es entsteht eine Fusion von Ich, Es, Über-Ich und Ich-Ideal, des Bewußten, Unbewußten und Vorbewußten, der Primär- und Sekundärprozesse, eine Synthese des Lustprinzips mit dem Realitätsprinzip, eine gesunde Regression ohne Angst im Dienst der größeren Reife, eine echte Integration der Person auf allen Ebenen.«

Dieses erweiterte Bewußtsein, die Transzendenz oder kosmisch-mystische Erfahrung, hat auch Walter Pahnke auf der Grundlage psychedelischer Forschung beschrieben. Er hat dafür neun Kategorien verwendet:

Kategorie 1 – Einheit: Es entstehen zwei Formen der Einheit. Eine interne Einheit, in der die gewöhnlichen Sinneseindrücke verloren gehen, die persönliche Identität sich auflöst, aber dennoch das Bewußtsein des Einsseins oder der Einheit erfahren wird. Walter Pahnke: »Man ist nicht bewußtlos, sondern vielmehr einer undifferenzierten Einheit sehr wohl gewahr.« Über die Sinnesorgane wird eine externe Einheit wahrgenommen. Zwar weiß man, daß man von der Umwelt getrennt ist, gleichzeitig ist aber die Trennung zwischen innen und außen nicht mehr relevant. Alles ist eins. »In der vollkommensten Erfahrung fühle man eine kosmische Dimension, so daß die Versuchsperson sich in einem tiefen Sinne als Teil des Seins empfindet.«

Kategorie 2 – Transzendenz von Zeit und Raum: Das gewöhnliche Gefühl für Zeit und Raum geht im Zustand der Transzendenz verloren. Walter Pahnke: »Erlebnisse des Verlustes von Zeit und Raum können auch beschrieben werden als Erlebnisse von ›Ewigkeit‹ und ›Unendlichkeit‹.«

Kategorie 3 – Tiefempfundene positive Stimmung: Im Zustand des kosmisch-mystischen Bewußtseins machen sich Empfindungen von Freude, Begnadung, Friede und Liebe breit. Walter Pahnke schreibt dazu: »Solche Gefühle können sowohl auf der Höhe des Erlebens auftreten als auch während des ›ekstatischen Nachglühens‹, wenn der Höhepunkt überschritten ist, seine Wirkungen und die Erinnerungen daran aber noch sehr lebendig und intensiv sind.«

Kategorie 4 – Gefühl der Heiligkeit: Es entsteht ein Gefühl der Heiligkeit. Walter Pahnke: »Der Grundcharakter der Heiligkeit ist eine nicht-rationale, intensive, schweigende, pochende Antwort des Staunens, des Sich-Wunderns in der Gegenwart inspirierender Realitäten.«

Kategorie 5 – Objektivität und Realität: In der Transzendenz wird eine letztgültige Realität erfahren, die wirklich ist. Sie unterscheidet sich von der gewöhnlichen Realität, vom alltäglichen Bewußtsein. Obwohl sie nicht auf der Ebene des Verstandes bewiesen ist, wird sie als autoritativ angesehen und gilt als objektive Wahrheit. Walter Pahnke: »Den Inhalt dieses Wissens kann man in zwei Haupttypen einteilen. Einsicht in Sein und Wesen im allgemeinen. Und Einsicht in das eigene begrenzte Selbst.«

Kategorie 6 – Paradoxie: Die Erfahrungen des Zustandes sind einander widersprechend. Gleichzeitig erlebt man eine leere und eine vollständige, volle Einheit, die Auflösung der Individualität und ein individuelles Erleben der Einheit. »Das Ich existiert und existiert doch nicht.«

Kategorie 7 – Angebliche Unaussprechlichkeit: Mystische Erfahrungen können nicht ausreichend oder überhaupt nicht beschrieben werden. Walter Pahnke: »Der Grund dafür ist vielleicht die Verlorenheit der Sprache angesichts der paradoxen Natur der wesentlichen Phänomene.«

Kategorie 8 – Flüchtigkeit: Mystische Erfahrungen sind vergänglicher als gewöhnliche Erfahrungen. Die Erlebnisse aus der Transzendenz verschwinden bald und machen dem Gewöhnlichen wieder Platz. Walter Pahnke: »Der Charakter des Flüchtigen zeigt an, daß der mystische Bewußtseinszustand nicht dauernd aufrechterhalten werden kann.«

Kategorie 9 – Anhaltende positive Veränderungen in Einstellung und Verhalten: Trotz ihrer Flüchtigkeit haben transzendentale Zustände positive Folgen. Aus ihren Wirkungen entsteht ein tiefgreifender Wandel der Einstellungen, der sich auch in den Phasen zwischen den meditativen Übungen bemerkbar macht.

Die Einstellung sich selbst gegenüber ändert sich. Walter Pahnke: »Der grundlegende innere Wandel im persönlichen Selbst besteht in einer stärkeren Integration der Persönlichkeit. Man kann unerwünschten Charaktereigenschaften ins Auge sehen, so daß sie bewältigt und schließlich reduziert oder eliminiert werden können.«

Die Einstellung und das Verhalten anderen gegenüber verändert sich. Das führt nach Walter Pahnke »zu größerer Sensibilität, mehr Toleranz, mehr wirklicher Liebe, mehr Echtheit der Person, dadurch, daß der Mensch sich anderen und sich selbst gegenüber mehr öffnet«.

Die Einstellung dem Leben gegenüber verändert sich. Pahnke: »Es kommt zu Verbesserungen des Lebensgefühls in bezug auf Weltanschauung, Ethik, berufliches Engagement, Notwendigkeit des Dienstes für andere und zu einer neuen Wertschätzung des Lebens für andere und der ganzen Schöpfung.«

Die Einstellung mystischen Erlebnissen gegenüber wandelt sich. Pahnke: »Positive Einstellung gegenüber der mystischen Erfahrung selbst bedeutet, daß diese als wertvoll angesehen wird und daß die Ergebnisse als nützlich erachtet werden.«

Diese Erleuchtungserlebnisse stehen allerdings ganz am Ende einer langen meditativen Praxis. Sie werden individuell sehr unterschiedlich erlebt und noch unterschiedlicher beschrieben. Der deutsche Physiker und Philosoph Carl Friedrich von Weizsäcker begnügte sich damit, seine Erfahrung mit einem einzigen Satz zu beschreiben: »Das Wissen war da, und in einer halben Stunde war alles geschehen.« Weizsäcker hatte das Erlebnis in Indien, am Grab des Maharishi im indischen Tiruvanamalli. Er erläuterte seine Sprachlosigkeit in einem

Interview so: »Spricht man darüber, dann wird sich doch herausstellen, daß alle diese Vokabeln irreführend sind, wahrscheinlich irreführender, als wenn man darüber schlicht schweigt.«
Gelegentlich brechen allerdings einige Erleuchtete das Schweigen und versuchen in Worte zu fassen, was nicht in Worte gefaßt werden kann, weil das Erlebnis der Transzendenz so singulär ist. Der indische Yogi und Meditationslehrer Pandit Gopi Krishna hatte nach 17 Jahren täglicher Meditation sein kosmisch-mystisches Schlüsselerlebnis. Hier sein Bericht:
»Eines Morgens, Weihnachten 1937, saß ich mit gekreuzten Beinen im Zimmer eines kleinen Hauses in der Umgebung von Jammu, der Winterhauptstadt des Staates Jammu und Kashmir in Nordindien. Ich meditierte, das Gesicht zum Fenster nach Osten gewendet. Die ersten grauen Strahlen der langsam sich erhellenden Morgenröte fielen in das Zimmer. Durch lange Übung war ich daran gewöhnt, stundenlang in der gleichen Stellung zu sitzen ohne die geringste Unbequemlichkeit, und ich saß da, atmete langsam und rhythmisch, richtete meine Aufmerksamkeit auf den obersten Teil meines Kopfes und versenkte mich in eine imaginäre Lotusblüte, die dort in hellem Licht erstrahlte.
Ich saß unbewegt und aufrecht. Ohne Unterbrechung strömten meine Gedanken zu dem leuchtenden Lotus hin in der festen Absicht, meine Aufmerksamkeit dort zu halten, vom Abschweifen zu

bewahren und sie immer wieder zurückzubringen, wenn sie sich in einer anderen Richtung bewegte. Die Intensität der Konzentration unterbrach meinen Atem, langsam wurde er so still, daß er kaum mehr wahrnehmbar war. Mein ganzes Wesen war so sehr in den Lotus eingetaucht, daß ich für mehrere Minuten hintereinander die Berührung mit meinem Körper und meiner Umgebung verlor. Während einer solchen Unterbrechung – für einen Augenblick – war es mir, als ob ich mitten in der Luft ohne irgendein Körpergefühl schwebte. Das einzige, dessen ich gewärtig wurde, war ein Lotus in hellem Glanz, der Strahlen von Licht aussandte... Die Empfindung wuchs an Intensität, und ich fühlte, wie ich zu schwanken begann. Mit großer Mühe konzentrierte ich mich wieder auf den Lotus. Plötzlich fühlte ich einen Strom flüssigen Lichts, tosend wie ein Wasserfall, durch meine Wirbelsäule in mein Gehirn eindringen.

Ganz unvorbereitet auf ein solches Geschehen, war ich völlig überrascht. Ich blieb in derselben Stellung sitzen und richtete meine Gedanken auf den Punkt der Konzentration. Immer strahlender wurde das Leuchten, immer lauter das Tosen. Ich hatte das Gefühl eines Erdbebens, dann spürte ich, wie ich aus meinem Körper schlüpfte, in eine Aura von Licht gehüllt. Es ist unmöglich, dieses Erlebnis genau zu beschreiben... Ich war nicht mehr ich selbst, oder genauer: nicht mehr, wie ich mich selber kannte, ein kleiner Punkt der Wahrnehmung, in einen Körper eingeschlossen. Es war vielmehr

ein unermeßlich großer Bewußtseinskreis vorhanden, in dem der Körper nur einen Punkt bildete, in Licht gebadet und in einem Zustand der Verzückung und Glückseligkeit, der unmöglich zu beschreiben ist.
Nach einer Weile – wie lange es gedauert hat, wüßte ich nicht zu sagen – begann der Kreis wieder enger zu werden. Ich fühlte, wie ich mich zusammenzog und immer kleiner wurde, bis ich der Grenzen meines Bewußtseins erst dumpf, dann klarer bewußt wurde. Als ich in meine alte Beschaffenheit zurückschlüpfte, nahm ich plötzlich wieder den Lärm auf der Straße wahr, fühlte ich wieder meine Arme, meine Beine und meinen Kopf, und wurde wieder mein enges Selbst in Kontakt mit Körper und Umgebung. Als ich meine Augen öffnete und um mich blickte, fühlte ich mich ein wenig schwindelig und verwirrt, als ob ich aus einem seltsamen Land zurückkehrte, das mir ganz fremd gewesen war.«
Ein letztes Zitat soll den Versuch der Beschreibung beschließen. Es stammt von Claudio Naranjo vom *Esalen Institut*: »Die Erkenntnis der Einheit, welche die ganze Tiefe des Meditationszustandes ausmacht und die durch die Mystiker aller Länder beschrieben wurde, beinhaltet mehr als das Verschmelzen von Ich und Du. Es ist das Erkennen der Einheit in allen Dingen und Wesen. Monotheistisch formuliert ist alles Ausdruck des einen Gottes, pantheistisch ausgedrückt ist es die Erfahrung, daß alles Gott ist.«

DIE PRAXIS DER MEDITATION

In diesem Abschnitt beginnen wir nach all der (notwendigen) Theorie mit der Meditationspraxis. Zunächst geht es um die allgemeinen Voraussetzungen. Wir beschäftigen uns mit dem Ort und der Umgebung, die am besten dazu geeignet sind, Sie in einen meditativen Zustand zu versetzen, schildern die grundsätzliche Bedeutung einer bewußten Form der Atmung, der Haltung und der inneren Einstellung, und erklären, wie Sie sich vorbereiten, entspannen sollten, wie Sie mit der Meditation beginnen und schließlich die Versenkung erreichen können.

DIE UMGEBUNG

Es ist nicht notwendig, die gewohnte Umgebung zu verlassen, sich in ein Kloster oder in die Einsamkeit der Berge zurückzuziehen, um den Weg der Meditation zu gehen. Oft wird so etwas nur als Fluchtvorwand gebraucht. Früher oder später muß man aber wieder zurück in die Welt, um dort seine Aufgaben zu erfüllen. Wir empfehlen Ihnen deshalb, von vornherein erst mal hier zu bleiben. Meditation ist kein Fluchthelfer in eine »bessere« Welt, sondern die Beschäftigung mit sich selbst. In die Meditation nehmen Sie sich immer mit.
Der tibetanische Religionsführer Tschögyam Trungpa sagt: »Wenn man imstande ist, die romantische und emotionale Einstellung zu überwinden, dann entdeckt man die Wahrheit selbst am Spültisch.« Trotz dieser Aussage ist die Küche gemeinhin nicht der optimale Ort, mit Meditation zu beginnen. Um die geeignete Umgebung zu finden, sollten Sie sich Zeit nehmen. Versuchen Sie, Ihre Wohnung, Ihre ganz normale tägliche Wohnsituation bewußt wahrzunehmen. Wählen Sie eine ruhige Tageszeit und entspannen Sie sich. Vielleicht legen Sie Ihre Lieblingsschallplatte auf oder hören eine Kassette, die Sie besonders gern mögen. Gehen Sie durch Ihre Wohnung und formulieren Sie, ohne eine Pause zu machen, was Sie in jedem Moment bei diesem Streifzug durch Ihre eigenen vier

Wände empfinden und wahrnehmen. Sagen Sie leise vor sich hin: »Jetzt empfinde ich... Jetzt nehme ich wahr... Jetzt spüre ich...« Kommentieren Sie Ihre Empfindungen und Wahrnehmungen nicht, sondern stellen Sie lediglich wertfrei fest, was momentan in Ihnen geschieht.
Auf diese Art und Weise werden Sie nach einiger Zeit Plätze in Ihrer Wohnung finden, die Ihnen weniger sympathisch sind. Sie werden aber auch Stellen entdecken, die Sie besonders gern mögen. Ihr Lieblingsplatz sollte zum Ort Ihrer meditativen Übungen werden. In diesem Eck haben Sie das ganz starke Gefühl: Das ist *mein* Platz. Hier fühle ich mich wohl.
Diese Stelle sollten Sie künftig, wenn möglich, nur für Ihre Meditation benutzen – und für sonst nichts.
Wenn Sie diesem Verfahren folgen, werden Sie automatisch einen Bereich in Ihrer Wohnung auswählen, der ruhig ist und in dem Sie ungestört sind. Sorgen Sie dafür, daß Sie diesen Raum während der Meditation verdunkeln können. In den ersten Wochen meditativer Übungen erleichtert es Ihnen den Weg in die Versenkung, wenn Sie von Außenreizen nicht gestört werden. Später spielt die visuelle wie akustische Umgebung nicht mehr eine so große Rolle. Dann können Sie auch am besagten Spültisch oder in der U-Bahn auf dem Weg zu Ihrer Arbeitsstelle meditieren.
Hilfreich ist es auch, wenn Sie sich an Ihrem Meditationsort eine ganz besondere Atmosphäre schaf-

fen und ein eigenes Meditationsritual entwickeln. Vielleicht tragen Sie zur Meditation immer eine besondere Kleidung, die Sie nicht einengen sollte. Manche Menschen legen an ihrem Meditationsort einen bestimmten Teppich aus, der nur zur Meditation verwendet wird. Wenn Sie Räucherstäbchen mögen, sollten Sie sich nicht scheuen, ein solches zu entzünden.

Meditieren Sie immer zur gleichen Zeit. Sie haben im ersten Teil dieses Buches schon gelesen, wie wichtig ein bestimmter Rhythmus für das Leben ist. Versuchen Sie, durch den Termin Ihrer täglichen Meditation einen derartigen Rhythmus herzustellen.

DIE HALTUNG

Meditation harmonisiert Körper und Seele. Sie baut psychische und körperliche Spannungen ab und erschließt neue Bewußtseinsebenen. Im Unterschied zur Schulmedizin und zu vielen psychotherapeutischen Methoden hat Meditation einen ganzheitlichen Ansatz. Voraussetzung und Ziel ist ein einheitliches Bewußtsein.

Vor allem westliche Menschen haben oft Schwierigkeiten, sich von ihrem polarisierten Denken und Verhalten zu lösen. Wir sind vom Intellekt geprägt und kopflastig. Körper und Gefühl sind verspannt. Diese Verspannungen summieren sich zu einem persönlichkeitseinschränkenden Komplex, der es schwierig macht, ins Zentrum des eigenen Wesens vorzustoßen.

Weil die Meditationstheorie davon ausgeht, daß sich physische und psychische Funktionen ununterbrochen beeinflussen, begnügt sie sich nicht damit, lediglich seelische Prozesse in Gang zu setzen. Ein wesentlicher Bestandteil aller Meditations-Methoden beschäftigt sich auch mit dem Körper. Ziel dieser Körperarbeit ist eine Entkrampfung und die Suche nach dem persönlichen Schwerpunkt. Die Experten sprechen davon, ein neues Körperbewußtsein zu fördern. Dieses neue Körperbewußtsein hat wichtige Funktionen im Vorfeld meditativer Übungen. Wir stellen Ihnen im folgenden einige Methoden vor, mit deren Hilfe Sie Ihren Körper neu kennenlernen, sich des Körpers bewußt werden, Ihren natürlichen Schwerpunkt finden und auf dieser Grundlage körperliche Verspannungen lösen können. Probieren Sie einige dieser Übungen an dem von Ihnen gewählten Meditationsort aus. Konzentrieren Sie sich dabei ausschließlich auf die gewählte Übung. Vergangenheit und Zukunft haben keine Bedeutung mehr für Sie. Sie befinden sich in der Gegenwart – und nirgends sonst. Arbeiten Sie so lange an den einzelnen Übungen, bis Sie das Gefühl haben, Ihren Körper zu kennen.

1. Übung: Einheit

Unbewußt empfinden viele Menschen ihren Körper nicht als Einheit. Er hört gleichsam am Nabel auf und beginnt erst wieder am Knie. Die Zone dazwischen, der Unterleib mit den Sexualorganen, ist uns unheimlich und wird nicht akzeptiert.
Ziel der ersten Körperübung ist es, diese Teilung in einem mentalen Trainingsprogramm aufzuheben. Wir setzen uns dabei entspannt auf einen Stuhl oder in einen Sessel. Dann richten wir unsere Aufmerksamkeit auf den Kopf. Wir schlüpfen mit unserer Konzentration gleichsam unter die Schädeldecke. In Gedanken sind wir unser Kopf. Dabei summen wir unhörbar den höchsten Vokal, das ›i‹.

Wir gleiten nun mit unserer Aufmerksamkeit den Körper hinunter. Dabei gehen wir sehr konzentriert und langsam vor. Wenn wir den Hals, also den Übergang vom Kopf zum Körper, erreichen, summen wir das ›e‹. Sobald wir unsere Aufmerksamkeit in der Brust konzentrieren, denken wir ein offenes ›a‹. Wir gleiten tiefer und richten unsere Aufmerksamkeit auf den Magen mit dem korrespondierenden Vokal ›o‹. Schließlich erreichen wir unsere Geschlechtsorgane und denken ein tiefes ›u‹. Anschließend kehren wir in Gedanken zurück in den Kopf und beginnen die langsame und konzentrierte Erkundungsreise durch unseren Körper erneut. Wiederholen Sie diese Übung mehrmals.

2. Übung: Schwerpunkt

In der japanischen Sprache wird der körperliche Schwerpunkt des Menschen mit dem Wort ›Hara‹ bezeichnet. Hara bedeutet aber auch im übertragenen Sinn das Zentrum der Persönlichkeit.
Die zweite Übung ist eine Hara-Übung. Durch sie soll uns der eigene Schwerpunkt bewußt werden. Wir stellen uns dazu breitbeinig, kräftig und gerade hin. Die Arme lassen wir lose hängen. Unser Blick ist ins Unendliche gerichtet. Wir lenken unser Bewußtsein zuerst in die Füße, also dorthin, wo wir mit der Erde in Kontakt sind, und werden aufmerksam auf das, was wir mit den Füßen füh-

len. Wir spüren unser Gewicht, die Belastung auf Fersen und Ballen, und fühlen, daß unser ganzer Körper auf den Füßen ruht.
Anschließend horchen wir auf unseren Atem und fühlen seinen Rhythmus: das Einatmen, das Ausatmen, das Kommen und Gehen. Wir geben uns diesem Rhythmus hin und werden zu diesem Rhythmus. Dann nutzen wir den Beginn der Ausatem-Phase, um uns in den Schultern zu entspannen. Beim Ausatmen lösen wir die Muskelkontraktionen und lassen unsere Schultern locker hängen. Wir drücken sie nicht bewußt nieder, sondern lassen los – ebenso, wie wir ganz entspannt die verbrauchte Atemluft aus unseren Lungen lassen. Am Ende der Ausatem-Phase verwenden wir die lösende Energie des Atemrhythmus, um uns auch im Becken zu entspannen. Wir lösen alle Muskelkontraktionen und lassen uns innerlich im Becken nieder. Dabei werden wir feststellen, daß dieses Loslassen nicht so einfach ist, wie es klingt. Viele Menschen sind im Becken-Bauch-Bereich und im Gesäß chronisch verspannt. Offenkundig fürchten wir uns vor der Entspannung, was häufig ein Zeichen der Angst und der Verdrängungen ist.
Im zweiten Übungsschritt versuchen wir nun, beim Ausatmen die Lockerungsphasen von Schultern und Becken harmonisch ineinanderfließen zu lassen. Wir atmen ein und spüren die neue Energie, die uns eine angenehme Spannung gibt. Wir atmen aus und lösen dabei diese Spannung, bis wir zu einer tiefen Gelassenheit in der Lage sind. Schließ-

lich fühlen wir uns breit verwurzelt in der Erde, gleichsam als Pyramide, die sicher und fest steht und sich nach oben verjüngt. Wiederholen Sie diese Hara-Übung an mehreren Tagen hintereinander, bis Sie das Gefühl haben, sich innerlich an den Schultern und im Becken-Raum völlig entspannt lösen zu können.

3. Übung: Lotos-Sitz

Bei fast allen Meditationsübungen sitzen wir. Wir suchen unseren Körperschwerpunkt und richten Wirbelsäule und Kopf in einer geraden Linie über diesem Schwerpunkt auf. Am geeignetsten für diese korrekte und meditationsfördernde Haltung ist für westliche Menschen der sogenannte »gemilderte Lotos-Sitz«. Wir setzen uns auf ein ca. 10 cm hohes Kissen, ohne uns anzulehnen. Dabei sitzen wir so weit vorn, daß die Knie etwas tiefer sind als der Sitz. Wir öffnen die Knie locker nach außen. Die Beine kreuzen wir nahe den Knöcheln, so daß die Außenränder der Füße den Boden berühren. Die Hände legen wir wie zwei Schalen im Schoß übereinander, die rechte in die linke. Die Handgelenke ruhen auf den Oberschenkeln, die Handkanten berühren den Unterleib. Die Daumen sind aufgerichtet, ihre Spitzen aneinandergelegt. Jetzt rekken und strecken wir den Oberkörper hoch auf. Dann lassen wir ihn leicht in Richtung der Schwer-

kraftlinien in die Hüften sinken. Das ist ein ganz entspannter Vorgang, bei dem kein gekrümmtes Rückgrat entstehen darf.
Den Oberkörper lassen wir anschließend leicht in alle Richtungen pendeln und kreisen, bis wir spüren: Jetzt sitzt der Schwerpunkt genau über dem Stützpunkt. Wir sind im Gleichgewicht, der Oberkörper balanciert mühelos. Wir öffnen die Augen nur halb und blicken auf einen etwa 150 Zentimeter entfernten Punkt auf dem Boden.
Diese Übung sollten Sie mehrere Tage lang jeweils morgens und abends fünf Minuten lang trainieren. Versuchen Sie, sich dabei völlig zu entspannen und ganz locker und bewegungslos im Lotos-Sitz zu bleiben. Beenden Sie diese Übung – wie später auch jede Meditation – nie abrupt. Atmen Sie am Ende der fünf Minuten einmal tief ein und aus. Bewegen Sie Kopf und Hals, dann die Schultern, während alles andere ruhig bleibt. Öffnen Sie jetzt Ihre verkreuzten Füße, und lösen Sie die ineinandergelegten Hände. Dann öffnen Sie die Augen, stehen auf und kehren wieder in Ihren Alltag zurück. Versuchen Sie nun aber, die im Lotos-Sitz erfahrene Ruhe auch auf Ihr normales Leben zu übertragen. Seien Sie gelöst, entspannt und gelassen.

Alternativen zum Lotos-Sitz

Wenn Sie sich im oben geschilderten gemilderten Lotos-Sitz nicht besonders wohl fühlen, gibt es verschiedene Alternativen zu ihm. Eine Meditationshaltung soll nie gezwungen sein, sonst kann sie ihre Wirkung nicht erzielen. Im folgenden stellen wir Ihnen einige weitere Sitzpositionen vor.

Der ägyptische Sitz: Sie sitzen auf einem Stuhl. Die Füße stehen aber nebeneinander fest auf dem Boden, die Knie bleiben zusammen, Ihre Hände legen Sie mit der Handfläche auf die Oberschenkel. Wie beim Lotos-Sitz richten Sie Rückgrat und Kopf über dem Körperschwerpunkt auf. Die Nasenspitze befindet sich senkrecht über dem Bauchnabel.

Wenn Sie gern im *Schneidersitz* meditieren wollen – es spricht nichts dagegen. Voraussetzung ist allerdings, daß Sie eine so stabile Haltung finden, daß Sie nicht nach hinten überkippen. Auch beim Schneidersitz muß der Oberkörper entspannt aufgerichtet sein und ganz im Körperschwerpunkt ruhen.

Einige Leute beherrschen den *echten Lotos-Sitz.* Dabei sitzt man auf einem flachen Kissen. Der rechte Fuß der verschränkten Beine liegt auf dem linken Oberschenkel, der linke Fuß auf dem rechten Oberschenkel. Die Hände sind wie beim gemilderten Lotos-Sitz im Schoß ineinandergelegt, der Oberkörper aufgerichtet. Die halbgeschlossenen Augen richten sich auf einen Punkt auf dem

Boden, der etwa einen Meter entfernt ist. Erfahrungsgemäß ist der echte Lotos-Sitz für meditative Übungen sehr gut geeignet. Er muß aber korrekt ausgeführt werden, wobei besonders auf die aufrechte Haltung des Oberkörpers geachtet werden soll.
Eine besonders entspannende Sitzhaltung ist der *Fersensitz*. Dabei kniet man auf einer Decke und läßt sich nach hinten hinunter, bis man auf den eigenen Fersen sitzt. Die Außenseiten der Fußknöchel sollen dabei flach auf dem Boden liegen, die großen Zehen sich berühren. Der Oberkörper muß aufgerichtet sein.
Grundsätzlich ist es ungünstig, wenn Sie beim Meditieren *liegen*. Die vorher geschilderten Sitzhaltungen sind eine erprobte Kombination, um im Körper ein Gleichgewicht aus Entspannung und positiver Spannung zu erreichen. Wenn wir dagegen liegen, besteht die Gefahr, während der Meditationsphase einzudösen. In einigen wenigen Meditationen und bei Imaginationen wird aber dennoch aus bestimmten Gründen das Liegen empfohlen. Wir weisen dann gesondert darauf hin.

4. Übung: Verlagern des Schwerpunkts

Setzen Sie sich dazu in der von Ihnen als am geeignetsten empfundenen Position nieder und sammeln Sie Ihre Aufmerksamkeit im Kopf – genau an der Stelle, mit der Sie denken: im Gehirn. Versuchen Sie, Ihr Gehirn zu fühlen, die beiden Hälften, die Nervenverbindungen. Machen Sie sich das ganz bewußt, bevor Sie Ihre Aufmerksamkeit langsam wie einen rinnenden Tropfen dicken Öls durch den Hals bis zur Brust hinuntergleiten lassen. Verharren Sie dort mit Ihrer Konzentration. Nehmen Sie Ihre Brust wahr. Fühlen Sie, wie sich die Lungenflügel im Rhythmus des Atmens füllen und leeren. Langsam sinkt Ihre Aufmerksamkeit, der Schwerkraft folgend, tiefer, bis in die Mitte des Körpers. Sie passiert den Nabel und stoppt erst im Unterleib, knapp oberhalb der Stelle, an der Sie im Lotos-Sitz Ihre Hände ineinandergelegt haben. Hier ist Ihr Schwerpunkt. Hier fühlen Sie sich entspannt, wie das Pendel einer Uhr, das endlich im tiefsten Punkt seiner Bahn Ruhe gefunden hat. Bleiben Sie mit Ihrer Aufmerksamkeit in Ihrem Schwerpunkt, bis Sie ihn wirklich empfinden können.

DIE ATMUNG

Der Atem ist die Grundlage allen Lebens. In der biblischen Schöpfungsgeschichte hauchte Gott dem von ihm geschaffenen Menschen das Leben ein. Erst dadurch wurde Adam zu einem Seelenwesen. Der Atem symbolisiert, wie bereits erwähnt, auch am eindrucksvollsten die Polarität. Wir atmen ein und aus, aber keiner dieser beiden Vorgänge ist isoliert möglich. Einatmen bedingt Ausatmen, dem Ausatmen folgt das Einatmen. Der Atemvorgang beinhaltet den Grundrhythmus des Lebens. Ohne diesen Rhythmus wäre Leben nicht möglich. Es ist kein Zufall, daß das griechische Wort Psyche sowohl Hauch als auch Seele bedeutet. Psychologen haben einen engen Zusammenhang zwischen dem Atmen und unserem seelischen Zustand erkannt. Das Einatmen steht in diesem Denkmodell für das In-Besitz-Nehmen, für den Aufbau von Spannung, und das Ausatmen bedeutet loslassen, sich öffnen, entspannen.

Unter diesem Gesichtspunkt betrachtet, ist es kein Wunder, daß die meisten Menschen in den zivilisierten Gesellschaften gierig einatmen, aber unzureichend ausatmen. Unfähig, sich und überhaupt loszulassen, bauen sie immer neue Spannungen in sich auf. Die Folge ist dann häufig Atemnot. Weil sie die Lungen beim mangelhaften Ausatmen nicht vollständig leeren können, ist es auch nicht möglich, das volle Lungenvolumen für das Einatmen auszunutzen. Hier setzen die Vorübungen der Meditation an. Es ist wichtig, richtig zu atmen. Dadurch entsteht automatisch das richtige Verhältnis aus Spannungsauf- und Spannungsabbau. Mit einer Reihe von Übungen können Sie diesen Prozeß fördern und eine optimale Atemtechnik entwikkeln, die nicht nur der Meditation dienlich ist, sondern auch Ihr Wohlbefinden im Alltag vergrößert.

1. Übung: Beobachten

Begeben Sie sich in die von Ihnen gewählte Meditationshaltung. Achten Sie noch einmal darauf, daß Ihr Oberkörper aufgerichtet ist, und beobachten Sie entspannt Ihren Atem, ohne zu werten, was Sie dabei entdecken. Folgen Sie Ihrem Atemrhythmus. Spüren Sie das Einatmen und das Ausatmen. Nehmen Sie beide Vorgänge und die kleine Pause nach dem Ausatmen bewußt wahr. Holen Sie damit die unbewußten Steuerungsmechanismen des Atemvorgangs in Ihr Bewußtsein. Sie werden feststellen, daß Sie plötzlich nicht mehr losgelöst von Ihrer Persönlichkeit Sauerstoff aufnehmen und die verbrauchte Luft abgeben. Sie merken, daß Sie Atem sind, spüren, wie Sie sich öffnen, Energie und Spannung aufnehmen und im Ausatmen eine Entspannung erreichen, die Sie fähig macht, beim nächsten Luftholen neue Kräfte zu schöpfen.

2. Übung: Bewußtwerden

In dieser Atemübung gehen Sie einen Schritt über die Beobachtung hinaus. Sie werden sich schnell des Atmens bewußt, indem Sie damit einige Experimente anstellen. Wir haben uns alle angewöhnt, das Einatmen zu betonen, das Ausatmen zu unterdrücken und die kleine Ruhepause vor dem erneuten Einatmen bis zur Unkenntlichkeit zu verkürzen. Ausatmen hat aber viel mit körperlicher und seelischer Entspannung zu tun. Sie sollten sich deshalb zunächst diese Phase bewußt machen.

Setzen Sie sich dazu in Ihrer Meditationshaltung hin. Entspannen Sie sich, und beginnen Sie dann eine kontrollierte Atemübung. Atmen Sie etwa eine Sekunde lang tief ein. Indem Sie dabei innerlich die Zahl ›einundzwanzig‹ langsam sprechen, haben Sie eine Meßeinheit für die Sekunde. Atmen Sie dann betont aus. Auch diese Phase der Übung sollte etwa eine Sekunde dauern. Zählen Sie dabei ›zweiundzwanzig‹. Verharren Sie nun, ohne sofort wieder einzuatmen, in diesem Zustand. Zählen Sie dabei innerlich von ›dreiundzwanzig‹ bis ›dreißig‹. Sie werden vielleicht spüren, wie lang Ihnen diese acht Sekunden vorkommen.

Womöglich ergreift Sie auch ein Gefühl der Panik: »Ich habe zuwenig Luft.« Versuchen Sie, dem Zwang zum vorschnellen Einatmen bei dieser Übung zu widerstehen. Atmen Sie erst dann wieder ein, wenn Sie in aller Ruhe bis ›dreißig‹ gezählt haben.

Trainieren Sie dieses kontrollierte (Aus-)Atmen so lange, bis Sie es wirklich beherrschen, und versuchen Sie dabei, in der Entspannungsphase zwischen den beiden Atemzügen vollkommen gelassen und ganz auf die Leere in Ihrer Lunge konzentriert zu verharren.

3. Übung: Zwerchfellatmen

Kinder atmen unbewußt richtig. Erst in der Pubertät verändert sich die Atemtechnik des Menschen. Er steuert seine Atmung dann nicht mehr mit dem Zwerchfell, sondern mit der Brustmuskulatur. Die natürliche Atemweise ist dies jedoch nicht. Natürlich, und im Sinne der Meditation einem größeren körperlichen wie seelischen Wohlbefinden dienlich, ist die Zwerchfellatmung, die man mit einigem Üben wieder lernen kann.
Stehen Sie auf, und legen Sie die linke Hand auf die Magengrube unmittelbar oberhalb des Nabels. Tropfen Sie sich Parfüm auf die rechte Hand, halten Sie diese vor Ihre Nase und schnuppern Sie in kurzen Zügen daran. Meist werden Sie bei dieser Übung automatisch wieder Ihr Zwerchfell einsetzen. Sie merken das daran, daß Ihre linke Hand auf dem Bauch in kleinen Stößen bewegt wird. Üben Sie das so lange, bis Sie auch bei normalen Atemzügen nicht mehr nur Brust und/oder Bauch blähen, sondern mit dem Zwerchfell atmen.

Eine gute Übung können Sie auch morgens kurz nach dem Aufwachen durchführen. Wenn Sie auf dem Rücken schlafen, atmen Sie über Nacht meist ohnehin mit dem Zwerchfell. Bleiben Sie so liegen und legen Sie vorsichtig eine Hand auf den Magen. Dort können Sie fühlen, ob Sie richtig atmen. Wenn sich diese Körperstelle bei jedem Atemzug sanft bewegt, benutzen Sie das Zwerchfell. Machen Sie sich diesen Vorgang bewußt. Durch einige Wiederholungen kann er dann gestärkt, verfestigt und zur Gewohnheit werden.

DIE INNERE EINSTELLUNG

Meditation ist ein Prozeß, der während der meditativen Übungen seinen Höhepunkt findet. Wichtigste Grundvoraussetzung dazu ist jedoch, daß Sie mit der Meditation keinen Zweck verfolgen. Wenn Sie meditieren, um ruhiger zu werden, besser schlafen zu können, weniger grippeanfällig zu sein, so ist das fast schon die Garantie dafür, daß dies nicht eintritt. Sie werden weder Entspannung noch irgendwelche anderen positiven Wirkungen der Meditation spüren, weil Sie Ihr Alltagsbewußtsein auf die Meditation übertragen. Dieses kann nur dann geschehen, wenn Sie sich – zunächst wenigstens vorübergehend – von den Zwängen des Alltags lösen können, der die ganze Welt in Pole zerlegt und keine Gesamtschau ermöglicht.

Meditation bedingt also eine innere Einstellung, die verschieden ist von unserem Alltagsbewußtsein. Machen Sie sich diese Voraussetzung klar, bevor Sie mit der Meditation beginnen. Lösen Sie sich von der Vorstellung, daß alles einen konkreten Zweck haben muß, daß jedes Handeln zielgerichtet ist und nur dazu da, ein Defizit auszugleichen. Nehmen Sie einfach an, was Ihnen während der Meditation über Sie selbst und über Ihren Standort in der Welt offenbart wird. Seien Sie offen für neue Erfahrungen. Nur dann können Sie sich weiterentwickeln.

Beim Meditieren befinden Sie sich auf dem Weg zu Ihrem innersten Wesen. Im Vorbeigehen – das haben wir im ersten Teil dieses Buches geschildert – begegnen Sie alten Konflikten und verkapselten Problemen, die tief in Ihnen verborgen sind. Sie werden sich dieser Inhalte Ihres Unterbewußtseins bewußt und erleben einen Lösungsvorgang, der Sie befreit. Das hat Folgen für Ihren Alltag zwischen den einzelnen meditativen Übungen. Normalerweise erfolgt das Aufspüren der verkapselten Konflikte, ihre Bewußtwerdung und die Lösung während der Meditation so behutsam, daß Sie keine gravierenden Schwierigkeiten haben, diese abgespaltenen Teile Ihrer Persönlichkeit zu integrieren. Gelegentlich entstehen aber Situationen außerhalb der meditativen Übungen, in denen Sie sich damit befassen müssen, die abgespaltenen Persönlichkeitsteile im Alltag wieder mit Ihrem wahren Wesen zu vereinigen. Dann können sehr starke Gefühle der Aggression, wie beispielsweise Haß, entstehen. Sie müssen lernen, mit diesen Gefühlen umzugehen. Das bedeutet: Sie dürfen diese Gefühle nicht wieder tief in sich vergraben, sondern müssen ihnen eine Chance geben, aus Ihnen herauszugelangen. Dafür gibt es einige Übungen.

1. *Übung: Körperliches Abreagieren*

Wut ist ein sehr tief sitzendes Gefühl. Mit Hilfe der Meditation wird es jedoch weiter nach oben befördert und kann dann befreit werden. Wir empfehlen Ihnen dafür vier Methoden. Ihrer Phantasie im Ausdenken individuell noch besser geeigneter Anti-Wut-Programme sind aber kaum Grenzen gesetzt – höchstens durch zu dünne und lärmdurchlässige Neubauwände und gesellschaftliche und gesetzliche Regeln.

Rennen und Atmen: Ziehen Sie einen Trainingsanzug an und rennen Sie los, raus in die Natur. Laufen Sie, so schnell Sie können, und atmen Sie möglichst tief ein und aus. Rufen Sie bei jedem Ausatmen laut »ha« oder »he«. Sie werden sich wundern, wie befreiend diese Kombination aus Atemübung und Jogging ist.

Knurren und Bellen: Rennen Sie herum, am besten im Freien, aber notfalls auch in der Wohnung, und hecheln Sie wie ein Hund. Lassen Sie die Zunge dabei heraushängen, bellen und knurren Sie. Das öffnet die Atemwege, fördert die richtige Zwerchfellatmung und löst die gestauten Gefühle.

Kissenschlacht: Eines der besten Mittel, um Wut zu lösen, ist ein Kissen. Lassen Sie all Ihre Wut an diesem Kissen aus. Beißen Sie es, treten Sie es, knallen Sie es an die Wand. Wenn Sie es ›umbringen‹ wollen, nehmen Sie ein Messer und ›ermorden‹ das

Kissen. Dies kommt Ihnen vielleicht lächerlich vor, aber die ganze Wut an sich ist lächerlich. Und das wird Ihnen möglicherweise bewußt, wenn Sie das Messer in der Hand haben.

Reden: Reden Sie mit jemandem über Ihre Gefühle, der Ihnen zuhören kann, ohne zu werten. Das muß nicht Ihr Partner sein; oft ist ein guter Freund der bessere Gesprächspartner. Sprechen Sie alles aus, was Sie empfinden, und Sie werden merken, wie befreiend die Verbalisierung Ihrer Gefühle sein kann.

Wichtiger Hinweis: In seltenen Fällen versagt die Selbstregulierungs-Automatik während der Meditation. Dann werden zu viele oder zu große Konflikte aus dem Unterbewußtsein in Ihr Wachbewußtsein gefördert. Gelegentlich sind Meditierende dann nicht mehr in der Lage, diese Häufung von Ängsten, Konflikten und negativ empfundener Bestandteile der Persönlichkeit zu integrieren. In solchen Fällen sollten Sie die Meditationsdauer verkürzen und einen Gesprächspartner suchen. Womöglich ist es dann nützlich für Sie, mit einem Psychotherapeuten oder einem erfahrenen Meditationslehrer Kontakt aufzunehmen.

Wir haben damit Begleiterscheinungen der Meditation geschildert, die sehr selten auftreten. Wenn sie sich aber zeigen, werden sie meistens als beängstigend empfunden. Sie gehören zu der Seite unseres Wesens, von der wir am liebsten gar nichts wissen möchten. Deshalb haben wir sie so lange verdrängt. Die Meditation erwartet von Ihnen (entwickelt aber auch in Ihnen) eine Änderung Ihrer Einstellung. Sie müssen lernen, daß zu Ihrer Person nicht nur diejenigen Seiten gehören, die von Ihnen und Ihrer Umgebung für positiv gehalten werden. Auch als negativ diskriminierte Empfindungen und Verhaltensweisen haben eine Funktion im Gesamtbild Ihrer Persönlichkeit. Wenn Sie das innerlich anzuerkennen bereit sind, werden Sie diese Phänomene in Ihre Persönlichkeit integrieren können.

Meditation öffnet Ihr Bewußtsein auch im Alltag. Sie werden feststellen, daß Sie bewußter und damit sicherer im ganz normalen Leben stehen werden. Das ist gleichzeitig Voraussetzung und Folge meditativer Übung. Meditation verlangt von Ihnen geradezu, die Erfahrungen, die Sie während der Versenkung machen, im Alltag zu verarbeiten. Sie müssen lernen, sich selbst mit all Ihren guten und schlechten Seiten, also als vollständiges Individuum, zu akzeptieren. Wenn Sie das schaffen, werden Sie zufriedener, ruhiger, glücklicher und toleranter werden.

Anderenfalls haben Sie Meditation falsch verstanden: nämlich als Flucht. Dazu aber taugt Meditation nicht. Sie will Ihnen die Möglichkeit geben, ganz im ›Hier und Jetzt‹ zu sein. Das ›Hier und Jetzt‹ aber ist Ihr Alltag. Es gibt folgende Übung, mit der Sie empfinden können, was es bedeutet, im ›Hier und Jetzt‹ zu sein.

2. Übung: Bewußtheit

Wenn Sie morgens aufwachen, sagen Sie sich: »Ich nehme alles bewußt wahr. Ich tue alles ganz bewußt. Ich bin hier, und ich bin jetzt hier.« Versuchen Sie dann, nichts mehr automatisch zu tun. Wenn Sie mit dem linken Bein zuerst aus dem Bett steigen, machen Sie sich diesen Vorgang bewußt. Stellen Sie den Fuß bewußt auf den Boden. Fühlen Sie den Boden, die Berührung und die Bewegung Ihres Körpers. Gehen Sie ganz bewußt ins Badezimmer. Waschen Sie sich ganz bewußt. Nehmen Sie die Zahnbürste bewußt in die Hand, und fühlen Sie jede Bewegung mit, wenn Sie sich die Zähne putzen. Sie werden feststellen, wie viele Dinge und Handlungen Sie bisher automatisch, unbewußt getan haben. Bewußtheit ist ein ganz persönliches De-Automatisierungs-Programm für Sie.

DIE VORBEREITUNG

Je besser Sie auf die Meditation vorbereitet sind, desto schneller werden Sie auf den Weg zu Ihrem innersten Zentrum gelangen – und desto weniger Zeit verstreicht, bis Sie die »Wirkungen« der meditativen Übungen erkennen können: Identitätsfindung, Gelassenheit, Wohlbefinden, Toleranz und größere Bewußtheit. Sie sollten sich deshalb vor jeder Meditation psychisch und physisch auf die Übung vorbereiten. Während wir bislang über grundsätzliche Vorbereitungen in der Zeit vor Meditationsbeginn gesprochen haben, geht es jetzt um die Einstimmung in den Minuten, bevor Sie meditieren. Treffen Sie folgende Vorbereitungen:

- Sorgen Sie dafür, daß Sie nicht gestört werden. Stellen Sie das Telefon in einen anderen Raum oder nehmen Sie den Hörer ab. Schalten Sie die Wohnungsklingel aus oder klemmen Sie ein Stückchen Pappe zwischen Glocke und Klöppel. Schließen Sie die Tür zu dem Zimmer, in dem Sie meditieren wollen. Wenn noch andere Personen im Haus sind, bitten Sie darum, nicht gestört zu werden. Möglicherweise empfiehlt es sich, ein Schild an die Tür zu hängen: »Bitte nicht stören.«

- Meditieren Sie allein, es sei denn, Sie beteiligen sich an einer Meditationsgruppe. Haustiere haben bei der Meditation nichts zu suchen.

■ Stimmen Sie sich innerlich ein. Verbannen Sie dazu Vergangenheit und Zukunft aus Ihren Gedanken. Vergessen Sie alle Sorgen und Verpflichtungen. Machen Sie sich frei von allem, was jenseits Ihrer Zimmertür geschieht. Stellen Sie sich vor, daß dicke Polster Sie nicht nur von Umweltgeräuschen, sondern auch von allen anderen Einflüssen isolieren. Sie sind nur im ›Hier und Jetzt‹. Alles andere ist bedeutungslos.

■ Nehmen Sie sich Zeit. Sie dürfen bei der Meditation nicht unter Termindruck stehen. Sie müssen während der Meditation das Gefühl aufbauen können, die Zeit stehe still. Dies unterscheidet Ihr Gefühl von Ihren Alltagsempfindungen, die Ihnen so oft den Eindruck geben, von den Zeigern der Uhr durchs Leben gehetzt zu werden.

■ Seien Sie entschlossen. Wenn Sie meditieren, meditieren Sie ganz und tun sonst nichts. Ein unverbindliches Probieren gibt es nicht.

■ Werden Sie ruhig. Ruhig sein bedeutet, die Bewegung zu stoppen und Muskeln und Atem zu entspannen.

Unmittelbar vor der Meditation können Sie eine der folgenden Übungen durchführen, die Ihnen bei der Beruhigung und Entspannung des Körpers helfen.

Eutonische Grundübung

Bei dieser Übung verbalisieren Sie laut all Ihre körperlichen Empfindungen. Dadurch gelingt es Ihnen, Ihr Körperbewußtsein zu verinnerlichen. Sprechen Sie aber dabei nicht ununterbrochen. Lassen Sie sich zwischen den einzelnen Sätzen genug Zeit, um Ihren Empfindungen nachzuspüren. Sagen Sie beispielsweise, wenn Sie sich auf Ihren Oberschenkel konzentrieren: »Ich fühle, wie sich Haut und Boden berühren... Ich empfinde ein Gefühl der Kälte... Jetzt spüre ich, wie das Blut durch die Adern pulst... Mein Oberschenkel wird jetzt wärmer, das ist ein schönes Gefühl...« usw.

Legen Sie sich auf eine harte Unterlage, zum Beispiel auf eine Decke am Boden. Sie liegen auf dem Rücken, Beine und Füße nebeneinander, die Arme ausgestreckt neben dem Körper. Sie können die Augen schließen, wenn Sie möchten. Entspannen Sie sich zunächst, hören Sie auf Ihren Atem und werden Sie ruhig. Richten Sie dann Ihre Aufmerksamkeit auf die Haut. Beginnen Sie im Bauch-Bekken-Bereich und beim Gesäß. Konzentrieren Sie sich auf Ihre Empfindungen, jeweils oben und unten. Gehen Sie anschließend mit Ihrer Aufmerksamkeit weiter, zum Beispiel in folgender Reihenfolge: linker Oberschenkel – linkes Knie – linker Unterschenkel – linkes Fußgelenk – linker Fuß – alle Zehen – rechter Oberschenkel – rechtes Knie – rechter Unterschenkel – rechtes Fußgelenk – rechter Fuß – alle Zehen – wieder Bauch/Becken/Ge-

säß – Brust und Rücken – linke Schulter – linker Oberarm – linker Ellbogen – linker Unterarm – linkes Handgelenk – linke Hand – alle Finger – rechte Schulter – rechter Oberarm – rechter Ellbogen – rechter Unterarm – rechtes Handgelenk – rechte Hand – alle Finger – Hals und Nacken – Hinterkopf – Scheitel – Gesicht.
Fühlen Sie nun in dieser Reihenfolge noch einmal durch Ihren Körper. Diesmal richten Sie Ihre Aufmerksamkeit jedoch auf die Innenräume. Wenn Sie sich also auf den Oberarm konzentrieren, lenken Sie Ihre Aufmerksamkeit auf das, was unter der Haut ist. Dieses Verfahren fällt leichter, wenn Sie Ihre Aufmerksamkeit spiralförmig an der Innenwand (wie an der Innenwand eines Rohres) entlanglenken. Bei dieser Übung stellt sich oft ein Gefühl der Helle ein. Ihr Innenraum ist dann leicht und hohl.
Der dritte Schritt wird »nondirektives Ertasten« genannt. Dabei lauschen Sie einfach in Ihren Körper hinein und formulieren laut, was Sie gerade wahrnehmen. Sie gehen dabei nicht zielgerichtet vor, sondern warten einfach ab, welcher Körperteil sich meldet. Dann sprechen Sie es aus und richten Ihre Aufmerksamkeit so lange auf diesen Körperteil, bis sich ein anderer meldet. Mit Hilfe dieser Übung lernen Sie Ihren Körper intensiv kennen und werden sich seiner bewußt. Später, nach einiger Erfahrung, können Sie diese Übung auch im Meditationssitz durchführen.

Kin-hin-Übung

Diese Übung wurde in japanischen Zen-Klöstern entwickelt. Es handelt sich um ein langsames, passives Gehen im Atemrhythmus, das Ihre Konzentrationsfähigkeit und Körperbeherrschung schult.
Stellen Sie sich zunächst etwa zwei bis drei Minuten lang leicht breitbeinig hin. Entspannen Sie sich und konzentrieren Sie Ihre Aufmerksamkeit, wie schon beschrieben, auf die Hara-Region im Unterleib. Dort liegt Ihr Schwerpunkt. Schließen Sie Ihre linke Hand um den Daumen zur Faust und legen Sie die Faust mit leichtem Druck – Knöchel nach oben – auf das Brustbein. Die rechte Hand liegt mit leichtem Druck des Handballens auf den Fingern der linken Hand. Die Unterarme stehen etwa waagrecht, die Schultern sind entspannt. Konzentrieren Sie sich jetzt auf Ihre Atmung. Betonen Sie das Ausatmen. Atmen Sie drei Sekunden lang aus und eine Sekunde lang ein. Warten Sie, bis Ihr Atem ruhig und rhythmisch wird. Dann setzen Sie die Ferse Ihres linken Fußes mit Beginn der Ausatem-Phase etwa zehn Zentimeter vor und verlagern langsam das Gewicht vom Absatz zum Fußballen. Gleichzeitig rollen Sie den rechten Fuß von der Ferse nach vorn in Richtung Ballen. Am Ende der ersten Ausatem-Phase stehen Sie also auf dem linken Fuß und berühren nur noch mit dem Ballen des rechten Fußes den Boden. Jetzt atmen Sie ein, ziehen dabei den rechten Fuß hoch und set-

zen ihn mit Beginn der neuen Ausatem-Phase mit der Ferse etwa zehn Zentimeter weiter vorn wieder auf. Diesen Vorgang wiederholen Sie abwechselnd in Ihrem Atemrhythmus.
Anfangs ist es vielleicht schwer, das Gleichgewicht zu halten. Sie erkennen daran, wie wenig Sie sich Ihrer Körperfunktionen bewußt sind. Später fällt es Ihnen nicht mehr schwer, in einer ununterbrochenen, gleichförmigen Bewegung Ihre Kin-hin-Übung zu absolvieren, ohne zu schwanken.
Wenn Sie auf diese Art einige Minuten lang passiv gegangen sind, bleiben Sie wieder stehen und entspannen sich zwei Minuten lang, während Sie sich auf Ihre Hara-Region konzentrieren. Dann gehen Sie zu Ihrem Meditationsplatz, setzen sich nieder und beginnen mit der Meditation.

Körperzentrierte Aufwärmübung

Bei dieser Übung entspannen Sie Ihren Körper, indem Sie ihn bewußt streicheln und kneten. Setzen Sie sich dazu hin, stellen Sie beide Füße nebeneinander, und ziehen Sie die Knie etwas an. Frauen beginnen nun, die Zehen des linken Fußes zu massieren, mit knetenden Handbewegungen den Unterschenkel hinaufzufahren, das Knie sowie den Oberschenkel zu massieren und dann von der Hüfte mit beiden Händen über den Körper zum Herzen zu streichen. Männer beginnen dieselbe

Übung an den Zehen des rechten Fußes. Dieser unterschiedliche Startpunkt der körperzentrierten Aufwärmübung hat mit den beiden Hirnhälften zu tun. Die aktive männliche Hemisphäre ist links und steuert die rechte Körperhälfte. Als feminine Hemisphäre gilt die rechte Hirnhälfte; sie steuert die linke Körperhälfte. Bei Männern liegt daher das Hauptgewicht auf der rechten Körperhälfte, während es bei Frauen umgekehrt sein sollte.
Massieren Sie anschließend das andere Bein nach derselben Methode, und streichen Sie vom Hüftgelenk her kräftig über den Körper in Richtung Herz.
Frauen wenden sich nun dem linken, Männer dem rechten Arm zu. Massieren Sie sich in streichenden und kreisenden Bewegungen von den Fingerspitzen bis zur Schulter und streichen Sie über die Brust zum Herzen. Dann fahren Sie mit massierenden Bewegungen der rechten Hand vom linken Schulterblatt über die linke Rückenseite bis zur Taille und über die linke Körpervorderseite in Richtung Herz. Dasselbe wiederholen Sie mit der linken Hand auf Ihrer rechten Körperseite. Männer gehen umgekehrt vor. Zuletzt streichen Sie kräftig mit den gespreizten Fingern beider Hände über Ihren Kopf sowie über Gesicht und Hals bis zum Herzen.
Viele Menschen empfinden bei dieser Übung ein wohltuendes Wärmegefühl, das den Körper merklich entspannt.

Diese Übung wurde von dem Arzt und Psychologen Uwe Stocksmeier entwickelt. Sie basiert auf den Erfahrungen mit isometrischen Übungen von der *»progressive relaxation«* des amerikanischen Verhaltenstherapeuten Jacobsen. Durch energische Muskelanspannung bis zur Schmerzgrenze und anschließende Entspannung gelingt eine körperliche Desensibilisierung, die Auswirkungen auf Ihre Psyche hat.
Setzen Sie sich locker, aber gerade auf einen Stuhl, winkeln Sie die Arme rechtwinklig an, und ballen Sie die Fäuste vor der Brust. Schließen Sie die Augen, atmen Sie tief durch, und konzentrieren Sie Ihre Aufmerksamkeit auf Arme und Hände. Spannen Sie dann die Fäuste so stark wie möglich an, danach die Unterarme und zum Schluß die Oberarme. Versuchen Sie, die Spannung so lange aufrecht zu halten, bis der Arm zittert. Erst dann lassen Sie los und die Arme locker fallen. Atmen Sie dabei gleichmäßig weiter. Schließlich spannen Sie Hände und Arme noch einmal kurz an, um dem Körper das Ende des Trainings zu signalisieren.
Bleiben Sie sitzen, und heben Sie jetzt die Fersen der nebeneinanderstehenden Füße leicht an. Atmen Sie gleichmäßig, und spannen Sie dann die Fußmuskeln, die Muskulatur der Unterschenkel und der Oberschenkel bis zur Schmerzgrenze. Der übrige Körper bleibt ganz locker. Sie vergessen nicht, gleichmäßig weiterzuatmen. Lassen Sie

dann los. Während der Entspannungsphase schließen Sie die Augen und genießen das Gefühl der Entspannung.
Prüfen Sie nun, wo Ihre Brustmuskeln sitzen. Schließen Sie dazu die Augen, winkeln Sie die Unterarme an, und atmen Sie tief durch. Dann pressen Sie die Achseln so fest zusammen, als müßten Sie mit ihnen ein Blatt Papier festhalten. Stoppen Sie die Spannung erst, wenn Sie die Schmerzgrenze erreichen. Dann lassen Sie los, pendeln Arme und Schultern leicht nach hinten aus und atmen entspannt.
Sie setzen sich wieder mit angewinkelten Armen auf Ihren Stuhl, atmen einen Moment lang tief durch und ziehen dann die Schultern bis zu den Ohren. Der Kopf bleibt zunächst gerade. Vergessen Sie nicht zu atmen. Anschließend drücken Sie – mit hochgezogenen Schultern – Ihren Kopf nach hinten in den Nacken, bis ein wirklich unangenehmes Gefühl entsteht. Lassen Sie erst dann Ihren Kopf und die Arme entspannt nach vorn fallen. Atmen Sie. Bewegen Sie nun den Kopf langsam hin und her, das Kinn bleibt aber auf der Brust. Entspannen Sie sich langsam und gründlich.
Bei der letzten Übung des muskulären Tiefentrainings sitzen Sie wieder mit angewinkelten Armen auf dem Stuhl. Atmen Sie normal, und konzentrieren Sie sich auf Ihren Rücken. Drücken Sie nun Ihre Schultern so weit nach hinten, als wollten Sie einen Bleistift zwischen den Schulterblättern festklemmen. Beugen Sie den Kopf dabei leicht nach

vorn, und atmen Sie während der ganzen Übung ruhig und regelmäßig. Erhalten Sie die Muskelspannung so lange aufrecht, bis Sie die Schmerzgrenze erreichen. Lassen Sie dann Kopf und Arme nach vorn fallen. Entspannen Sie sich, und genießen Sie die Entspannung. Vielleicht kreuzen Sie auch die Arme vor der Brust und umfassen locker den Rücken. Das fördert die Dehnung der Armmuskeln.
Das muskuläre Tiefentraining ist dann erfolgreich, wenn Sie nach Anspannung und Entspannung ein intensives Wärmegefühl in den beteiligten Muskeln wahrnehmen, wie Sie es von einer ausgiebigen Massage her kennen. Falls Sie nach dieser Übung Kopfschmerzen haben, ist das ein Zeichen dafür, daß Sie während der Muskelkontraktion vergessen haben zu atmen.

Lebenskraftübung

Diese Übung beteiligt die Chakren. Das sind nach einem indischen Denkmodell sieben psychischphysische Energiefelder in der Umgebung der Wirbelsäule:

- Das Wurzel-Chakra liegt an der Basis des Rückgrats.
- Das Sexual-Chakra liegt über der Milz.
- Das Nabel-Chakra befindet sich am Nabel.

– Das Herz-Chakra liegt über dem Herzen.
– Das Hals-Chakra befindet sich an der Vorderseite des Halses.
– Das Stirn-Chakra oder ›Dritte Auge‹ liegt zwischen den Augenbrauen.
– Das Scheitel-Chakra liegt am Scheitel des Kopfs.

Bei der Lebenskraftübung stehen Sie aufrecht, die Arme hängen seitlich am Körper. Entspannen Sie sich, und richten Sie Ihre Aufmerksamkeit auf das Hara, Ihren Schwerpunkt im Unterleib. Wenn Sie ganz entspannt sind, schließen Sie die Augen und konzentrieren sich auf das ›Dritte Auge‹, das über Ihrer Nasenwurzel zwischen den Augenbrauen liegt. Stellen Sie sich beim Einatmen vor, daß eine kosmische Energie sanft über Ihr Scheitel-Chakra in Sie einströmt. Diese Lebenskraft fließt langsam und warm nach unten. Sie passiert Ihren Kopf, teilt sich im Halsbereich und füllt in zwei Strömen Ihren ganzen Körper. Schließlich erreicht die Lebenskraft am Ende der Einatem-Phase den rechten Fuß. Spannen Sie dort die Muskeln an und lassen Sie los, während Sie ausatmen. Es entsteht ein Gefühl, als atme Ihr Fuß.

In der nächsten Atem-Phase fließt die Kraft in Ihren linken Fuß. Sie spannen die Muskulatur und lösen sie wieder beim Ausatmen.
So fühlen Sie die kosmische Energie nacheinander im ganzen Körper: in den Waden, im Knie, im Oberschenkel, im Gesäß, in der unteren Bauch-

muskulatur, im Brustkorb, in der Hand, im Unterarm, im Ellbogen, im Oberarm, in den Schultern, im Nacken, in der Halsmuskulatur und im Gesicht.
Lassen Sie die Energie einströmen, spannen Sie die Muskeln an, fühlen Sie die Energie und lösen Sie sich beim Ausatmen. Ihre Konzentration bleibt dabei immer im ›Dritten Auge‹.

Pranayama-Übung

Die Pranayama-Übung kann unmittelbar vor Beginn der Meditation praktiziert werden. Setzen Sie sich dazu in Meditationsstellung hin und entspannen Sie sich kurz. Legen Sie den Zeigefinger der rechten Hand auf Ihre Nase; die Fingerspitze berührt das ›Dritte Auge‹ zwischen den Augenbrauen, der Daumen liegt locker auf dem rechten Nasenflügel, der gekrümmte Mittelfinger auf dem linken. Verschließen Sie nun mit dem Daumen das rechte Nasenloch, und atmen Sie kräftig durch das linke Nasenloch aus. Machen Sie eine kurze Atempause, und atmen Sie dann durch das linke Nasenloch tief ein. Anschließend geben Sie das rechte Nasenloch frei und blockieren mit dem Mittelfinger das linke. Atmen Sie durch das rechte Nasenloch aus und wieder ein. Dann wechseln Sie wieder zum linken Nasenloch usw.
Atmen Sie in Ihrem eigenen Rhythmus auf diese

Weise etwa zehnmal tief ein und aus. Schließen Sie dabei auf keinen Fall die Augen, denn bei dieser Übung können große Energieströme frei werden, die Sie unter Umständen schwindlig machen.
Wenn die Nase frei ist, sind Sie ganz wach und ganz bewußt. Sie können mit der Meditation beginnen.

Wählen Sie unter den in diesem Kapitel beschriebenen Übungen diejenige aus, die Ihnen am sympathischsten erscheint. Verlassen Sie sich dabei auf Ihr Gefühl.
Einige Übungen sprechen mehr die Ratio an, das westliche Denken, andere entstammen fernöstlichen Denkgewohnheiten. Doch alle Methoden erfüllen denselben Zweck: Sie bereiten Sie physisch und psychisch auf die eigentliche Meditation vor, beruhigen und entspannen Sie, bringen Ihre Energieströme zum Fließen und öffnen Sie für meditative Erfahrungen.
Machen Sie sich jetzt noch einmal einige wichtige Dinge im Zusammenhang mit der Meditation klar. Denken Sie daran, daß

- Meditation frei von Absichten ist. Sie wollen nichts erreichen, sondern sich ganz einfach erfahren. Sie planen mit der Meditation nichts, sondern lassen geschehen und erkennen in dem, was geschieht, das wahre Wesen;

- die Fähigkeit zum Schweigen eine Voraussetzung für Meditation ist. Damit ist nicht ängstliches, feiges Verstummen oder ein unwissendes Stocken der Sprache gemeint. Meditatives Schweigen ist wach, lebendig, raumschaffend, fruchtbar und lebensspendend. Es ist ein Schweigen der Innerlichkeit, das Ihren Mund schließt, aber die Augen für neue Erfahrungen öffnet. Die erste Stufe dieses Schweigens ist: nicht sprechen. Die zweite Stufe bedeutet: auf Außenreize nicht antworten, nicht reagieren.
  Die dritte Stufe ist die innerliche Ruhe. Ihre Sinne, Ihre Neugier, Ihre Vernunft, Ihr Mitteilungsdrang verstummen. Die vierte Stufe meditativen Schweigens ist eine Stille, die in die eigene Tiefe horcht und erforscht, was dort verborgen ist. Schweigen und Meditation bilden einen sich selbst verstärkenden Regelkreis. Schweigen fördert die Meditation. Meditation fördert die Fähigkeit zur Stille;

- Wach-Sein und Bereit-Sein zur Meditation gehören. Wach-Sein heißt zunächst, nicht zu schlafen. Es bedeutet aber auch eine Abkehr von Fatalismus und Resignation sowie eine Hinwendung zur Bereitschaft, sich ernsthaft zu öffnen, sich anrühren zu lassen, zu empfinden und sich hinzugeben an neue Erfahrungen und an das eigene innere Wesen.
  Ihr Wach-Sein macht Sie bereit, alles zu entdecken und alles anzunehmen.

Wann Sie am besten meditieren: Meditationslehrer empfehlen, zweimal täglich etwa 20 Minuten lang zu meditieren. Vorher sollten Sie einige Zeit weder rauchen noch trinken oder andere Drogen konsumieren. Ungünstig sind auch üppige Mahlzeiten vor der Meditation. Die beste Meditationszeit ist morgens (nach dem Waschen, aber vor dem Frühstück) und am frühen Abend vor dem Essen. Falls Sie diese 40 Minuten (mit Vorbereitung vielleicht eine Stunde) täglich nicht entbehren können, meditieren Sie nur einmal. Wichtig ist aber, daß Sie regelmäßig meditieren. Es reicht nicht aus, alle paar Tage in der Meditationsecke zu verschwinden. Meditation ist ein Entwicklungsprozeß, der abbricht, wenn er nicht ständig fortgeführt wird.

Ihre innere Uhr: 20 Minuten beträgt die durchschnittliche Meditationszeit, doch Sie müssen selbst entscheiden, ob Ihnen das zuviel ist. Nach spätestens 20 bis 25 Minuten sollten Sie Ihre Meditation beenden. Stellen Sie sich aber auf keinen Fall einen Wecker entsprechend ein. Es wäre unheilvoll, wenn Sie plötzlich ein schrilles Geräusch aus der Konzentration und/oder Versenkung aufschrecken würde. Das Ende der Meditation muß sanft und behutsam erfolgen. Sie verbreitern dabei Ihre Aufmerksamkeit vom Meditationspunkt wieder auf Ihren Körper, auf Ihre Umgebung. Langsam kehren Sie aus der Versenkung in den Alltag zurück. Sie atmen mehrfach tief und bewußt ein und aus, lockern durch leichte Bewegungen Ihre

Muskeln und öffnen die Augen. Erst dann stehen Sie auf.
Die beste Methode, um das Ende der Meditationszeit zu erkennen, ist Ihre innere Uhr. Schauen Sie vor Meditationsbeginn auf eine Uhr, und prägen Sie sich die Zeit ein: »Jetzt ist es 18 Uhr, und ich werde um 18.20 Uhr aus der Meditation auftauchen.« Dabei stellen Sie sich die Zeigerstellung um 18.20 Uhr vor. Nach wenigen Tagen der Übung werden Sie feststellen, daß Sie sich auf Ihre innere Uhr verlassen können. Nur am Anfang tauchen Sie vielleicht einige Minuten zu früh oder zu spät auf, doch das ist nicht weiter schlimm.

Eine andere Methode ist, mit Hilfe eines Tonbandes zu arbeiten. Sie können mit ruhiger, gelassener und tiefer Stimme einen Meditationstext auf ein Tonband oder auf eine Kassette sprechen. Am Ende der Meditation sprechen Sie auf das Band eine Formel wie: »Ich komme jetzt langsam aus der Meditation zurück. Ich atme dreimal kräftig ein und aus und öffne gleich frisch und gestärkt meine Augen. Ich bin wieder bereit für die Welt.« Dieses Tonband lassen Sie während Ihrer meditativen Übung ablaufen.

DER EINSTIEG

Mit zunehmender Übung wird Meditation immer leichter für Sie, und Sie können dann auf Vorbereitungen und Einstiegshilfen weitgehend verzichten. Immer leichter werden Sie nach einigen Monaten in der Lage sein, einen Zustand der Versenkung zu erreichen. Vorerst bieten Ihnen aber einige Einstiegsmodelle eine gewisse Unterstützung. Viele der im Hauptteil dieses Buches genannten Meditationen arbeiten mit ganz bestimmten Einstiegsübungen. Daran sollten Sie sich halten. Wenn jedoch kein Einstieg angegeben ist, Sie aber das Gefühl haben, eine Hilfe zu brauchen, kann Ihnen eines der beiden folgenden Programme helfen.
Am besten ist es, wenn Sie einen der folgenden Texte auf ein Tonband oder auf eine Kassette sprechen. Am besten gelingt Ihnen das, wenn Sie dabei in einer meditativen Stimmung sind. Eine der im Kapitel ›Die Vorbereitung‹ genannten Übungen kann Ihnen dazu verhelfen. Sprechen Sie ganz gelassen und ruhig. Dieses Tonband spielen Sie dann bei Meditationsbeginn ab.

Text 1

Ich spüre das Gewicht meines Körpers auf der Unterlage – meine Augenlider sind geschlossen – meine Aufmerksamkeit ist nach innen gerichtet – eigenartige Muster bewegen sich vor meinem inneren Auge – obwohl die Augen fest geschlossen sind, ist um mich nicht alles schwarz und dunkel.

Dort, wo der Körper die Unterlage berührt, spüre ich Druck und mein Gewicht, das ich nun gar nicht mehr selbst zu tragen brauche, sondern ganz der Unterlage anvertraue.

Der Atem geht sanft und frei, und ich lasse ihn genauso fließen, wie er will – sein Rhythmus trägt mich, und mit jedem Einatmen fühle ich mich leichter – und mit jedem Ausatmen lasse ich noch ein wenig mehr los und sinke tiefer in die Unterlage, die mich trägt.

Geborgenheit umgibt mich – und das Außen weicht immer mehr zurück – Gedanken kommen und gehen – doch wichtig ist nur noch die Ruhe in mir – das innere Fließen und Strömen des Atems, das mich weiter und tiefer trägt in meine eigene Mitte – die Gedanken des Tages, Probleme und Sorgen – sie verblassen im Hintergrund – und all das, was bisher so wichtig erschien, all das ist nun wie hinter einem Vorhang verborgen – rückt weiter und weiter in den Hintergrund – und ich bin auf dem Weg in die Tiefe und Mitte – jene Mitte, wo ich in Ruhe und Frieden bin – jene Mitte auch, wo ich bereit und offen bin, einer anderen Wirklichkeit zu begegnen – meiner eigenen tiefsten Wirklichkeit...

Text 2

Nachdem ich alles Äußere zur Meditation vorbereitet habe, will ich mich nun innerlich vorbereiten. Die Ruhestellung, die ich eingenommen habe, werde ich beibehalten, denn es gilt nichts mehr zu tun, außer dazusein – ganz wach für das Innen. Der Atem geht ganz von selbst, wie immer oder meistens – und nun, gerade jetzt, wo ich ihn beachte, wird er mir bewußt, und so spüre ich sein Fließen ganz deutlich, und während der Körper in dieser Ruhe immer schwerer wird und tiefer sinkt, macht das sanfte Einatmen mich zugleich leichter und freier – freier von allem. Mit jedem Ausatmen aber sinke ich tiefer und tiefer – immer tiefer. Ich vertraue mich ganz der Unterlage an, die mich trägt, und ich lasse mich tragen, lasse los von allem, was mich bisher beschäftigt hat, alle Probleme des Tages und meines Lebens, alle Fragen und Gedanken, Gefühle – ja sogar den Körper – ich lasse all das mit jedem Ausatmen weiter zurück – und ich mache mich mit jedem Einatmen bereit für das Neue in mir, für die Stille in meiner Mitte, für jenen Teil meines Wesens, der offen ist, neue Erfahrungen zu machen, aufzumachen für diese andere Wirklichkeit, die auch in mir lebt und der ich mich nun hingeben will. – So wird das Außen immer nichtssagender und verschwommener, die innere Wirklichkeit aber klarer – fast greifbar.

– Es ist eine Wohltat, ja eine Erholung, nichts tun zu müssen, einfach loszulassen, geschehen zu lassen, was von selbst geschieht – offen zu sein – da zu sein – Zeit zu haben und zu spüren. – Ich bin geborgen in diesem Erlebnis, wie in einer großen Kuppel – außerhalb von Raum und Zeit – alles kann ich wahrnehmen und klar durchschauen – ich bin gelöst und doch mit vielem verbunden – ja mit allem verbunden, was da in mir lebt. – Und doch bin ich auch geschützt vor allen äußeren Dingen und den Ablenkungen des täglichen Lebens. – Der sanfte Atem führt mich noch immer weiter und tiefer, und ich öffne mich mit jedem Einatmen mehr und mehr für all das Neue, Geheimnisvolle, das da auf mich zukommen mag – in meinem Inneren – aus meinem Inneren – ganz offen bin ich für die Erfahrungen aus meiner Mitte – ganz eins mit meiner Mitte – mit ihr und mit aller Mitte – ganz bereit für die Erfahrungen der reinen, tiefen Wirklichkeit...

MEDITATIONEN FÜR DEN SCHÜTZEN

SCHÜTZE

Zeitraum:	23. November–21. Dezember
Symbol:	♐
Element:	Feuer
Planetenherrscher:	Jupiter
Prinzip:	Verständnis, Einsicht, Toleranz, Expansion, Gerechtigkeit.
Kennsatz:	»Ich verstehe.«

Wenn die Sonne auf ihrer Bahn durch den Tierkreis das Sternbild des Schützen durchläuft, ist die Natur in tiefes Schweigen gehüllt und erwartet den Einbruch des Winters. Alles Leben hat sich in den Schoß der Erde zurückgezogen, ins Unsichtbare und Verborgene, in eine geistige Welt. Dort bereitet es sich auf eine Wiedergeburt vor, so wie die Sonne am Ende des Schützen-Monats zur Wintersonnenwende ihre lebenspendende Kraft wieder langsam auf die Erde verströmen wird. Auf einer anderen Ebene finden wir dies in der symbolischen Bedeutung der Adventszeit, die im Schütze-Monat liegt, wieder. Advent bedeutet ›Ankunft‹, und wir warten in dieser Zeit auf die Ankunft des Lichts – nicht nur in Form der wiedererwachenden Tagkraft.

»Wir harren auf die geistige Offenbarung Gottes in der Geschichte«, sagt der Astrosoph Arthur

Schult, »auf die Geburt des Welterlösers, auf die Inkarnation des Gottesgeistes im Menschen.«
So werden im Tierkreiszyklus im Zeichen des Schützen dem Menschen erstmals transzendente Dimensionen seines Daseins bewußt. Der Astrologe Roberto Sicuteri schreibt, daß »im Schützen die Lebensenergie ihre Synthese und zugleich ihre Erhöhung in die transzendente Dimension erreicht. Denn dieses Sternzeichen entspricht dem Übergang von der sinnlichen Wahrnehmung zur unmittelbaren Erfahrung der kosmischen Gesetze.«
Der Schütze ist losgelöst von seinem Ego und sucht seine Bezugspunkte in Zentren, die außerhalb von ihm liegen. Er wendet sich hin zum Urgrund und versucht, die hinter allen Erscheinungen liegende Gesetzmäßigkeit zu erkennen. Er ist der Philosoph und Priester, der im Aufzeigen einer Rückverbindung zum kosmischen Urgrund die Sehnsucht des Menschen nach kollektiver Vereinigung stillt.
Symbol des Schützen ist der Zentaur – ein Wesen halb Pferd, halb Mensch –, der den Bogen spannt, um seine Pfeile in den Himmel zu schicken. In diesem Bildsymbol vereinigen sich drei Komponenten unserer Natur:
- das Körperlich-Triebhafte, dargestellt durch das Pferd,
- die individuelle Seele, dargestellt durch den menschlichen Körper,
- das Übermenschliche, der allumfassende Geist,

das Göttliche, dargestellt in Form des zum Himmel gesandten Pfeils.

Das Schütze-Prinzip bringt damit vor allem die harmonische Synthese der Natur zur Geltung, die zu höheren Ebenen des Seins führt.
Das Pferd, Symbol für männliche Kraft, steht in der Tiefenpsychologie als Sinnbild für die Libido und die Vitalenergie in ihrer Gesamtheit. In der Astrologie wird das Pferd als Symbol für die bezähmbaren Triebkräfte (im Unterschied zu den unbezähmbaren und instinkthaften Zeugungskräften des Stier-Zeichens) gesehen. Wie der Mensch das Pferd zähmte und nutzbar machte, so weist der halbe Pferdekörper im Schütze-Symbol Zentaur darauf hin, daß die Synthese mit der Natur sich nur erreichen läßt, wenn der Mensch seine Triebe zu kontrollieren vermag. Erst dann kann sich sein Bewußtsein in höhere Dimensionen erheben, wenn er frei ist von Begierden – gleichsam wie der Reiter sein Pferd ruhig halten muß, wenn der Pfeil, den er abschießt, sein Ziel treffen soll.
Das Element des Schütze-Zeichens ist das Feuer, die Flamme, die nach oben strebt, wie ein Wegweiser die Richtung angibt und den Menschen über die Grenzen hinausführt.
Planetenherrscher ist der Jupiter, in der griechischen Mythologie der Göttervater Zeus. Er regiert den olympischen Himmel voll salomonischer Weisheit und tiefempfundener Gerechtigkeit. Jupiter symbolisiert den Drang nach Expansion,

das Große, die Weite, die Fülle, den Blick in die Ferne. Dieses Prinzip drückt sich im Schütze-Menschen dahingehend aus, daß er in der Lage ist, seine Grenzen zu überschauen, und zugleich lernt, die Ebene des rationalen Denkens zu überschreiten und in Regionen eines erweiterten Bewußtseins vorzudringen.

Allerdings zeigt das Bild des Zentauren mit seinem menschlichen Oberkörper und den vier starken Beinen auch, wie der Schütze trotz dieser Tendenz, in andere Dimensionen vorzudringen, mit den Füßen fest auf der Erde bleibt. Aus dem Bekannten und aus seinen Erfahrungen holt er sich die Kraft, in kosmische Bereiche vorzustoßen.

Der Zentaur wird in den Olymp aufgenommen, nachdem er alle irdischen Prüfungen bestanden hat. Dieses mythische Ereignis der Bewährung auf Erden als Voraussetzung für eine Aufnahme in höhere Regionen der Wirklichkeit ist Bestandteil aller Religionen. In ihm kommt die tief in jedem Menschen verwurzelte archetypische Beziehung zwischen Mensch und Gott zum Ausdruck.

SCHÜTZE-MEDITATIONEN

Jnana-Yoga

Jnana-Yoga ist einer der vier Hauptpfade des Yoga und gilt als Yoga für die wahrhaft Starken. Nicht Liebe und Hingabe ebnen den Weg, sondern das Ringen um Erkenntnis. Es geht in den Worten von Swami Vivekananda darum, »alle alten Götzen, jeden alten Glauben und Aberglauben, jedes Begehren nach unserer oder irgendeiner anderen Welt aufzugeben, fest entschlossen, nur nach der Freiheit allein zu streben«.

Dieses Streben bedient sich des Verstehens und Wissens. Im Jnana-Yoga müssen wir erkennen, was wir wirklich sind. Unser Blick reicht hinaus über die Welt des Materiellen und sucht das Urprinzip außerhalb dieses Bereichs. Wir erfahren, daß wir jenseits von Geburt, Furcht und Tod stehen, aber auch, daß das ›wahre Ich‹, das kosmische Bewußtsein, unfaßbar ist. Wir transzendieren die Wirklichkeit und stehen fassungslos vor der absoluten und letztendlichen Weisheit. Sie beinhaltet alles und nichts – und wir kehren zurück in die Realität. Nun wissen wir aber, daß sie eine Scheinrealität ist, eine Fata Morgana. Indem wir das durchschauen, beharren wir im Jnana-Yoga auf dem, was ist: dem wahren Selbst, dem Wissen, Gott.

Der Pfad der Erkenntnis ist so schwer zu beschreiten, weil er keine halben Sachen duldet. Wer den ersten Schritt geht, muß seinen Weg bis zum Ende machen. Vivekananda sagt: »Der echte Rationalist darf vor nichts zurückschrecken und muß seiner Vernunft bis zur äußersten Grenze folgen.«

Jnana-Yoga führt uns zu der Erkenntnis, daß jedes Individuum nur eine Erscheinung der Wirklichkeit ist. Wer das zu erfahren in der Lage ist, hat das Ziel des Erkenntnispfades erreicht. Der Jnana-Weg verlangt, in allem die Gleichheit, in jeder Polarität die Einheit zu erkennen. Es gibt keine ethische Hierarchie mehr zwischen den Polen. Gut und Böse existieren, enthalten aber keine Bewertung mehr. Es geht nicht um Armut oder Reichtum, um Hunger und Völlerei, um Hitze und Kälte. Diese Unterschiede haben ihre Berechtigung verloren.

Nach der indischen Tradition zeichnet sich der wahre Jnana-Yogi durch vier Dinge aus:

- Er begehrt nichts als Erkenntnis.
- Er beherrscht die Sinne und erträgt alles.
- Er weiß, daß alles unwirklich ist außer dem kosmischen Bewußtsein.
- Er hat ein unstillbares Verlangen nach Freiheit.

Der Jnana-Pfad ist ein langer und mühsamer Pfad. Es bedarf der Anleitung durch einen erfahrenen Meister.*

* Eine Einführung finden Sie in den zwei Bänden »Jnana-Yoga« von Swami Vivekananda.

Tai Chi

Dem Schützen wird das Feuerelement und damit Bewegung zugeordnet. Eine Meditationsart seiner Wahl kann deshalb die alte chinesische Bewegungskunst Tai Chi sein.
Tai Chi ist eine alte chinesische Bewegungskunst, die im Westen gern mit »Schattenboxen« übersetzt wird. Sie ist sowohl Heilgymnastik als auch Meditation und Selbstverteidigung. Tai Chi ist ein sehr vielfältiges Bewegungssystem, das langer Praxis bedarf, bis es vollständig beherrscht wird. Die harmonisierenden Wirkungen machen sich jedoch schon bemerkbar, auch wenn es noch unvollständig beherrscht wird.
Grundprinzip des Tai Chi ist die geduldige, kreisförmige, niemals endende, ausgeglichene Bewegung. Ihr Symbol ist deshalb der aus zwei in sich verschlungenen Halbkreisen, einem hellen und einem dunklen, zusammengesetzte Kreis, der das Yin- und Yang-Prinzip repräsentiert.
Es geht dabei um ständigen Wandel, ausgedrückt in dynamischen und doch ruhigen, runden Bewegungen, um die Harmonie der Energieströme.
Als Heilgymnastik führt Tai Chi zu Harmonie des Körpers. Als Selbstverteidigung ist Tai Chi eine passive, gewaltfreie Form des Widerstandes. Sie weicht Angriffen flexibel aus und nutzt die somit sinnlos gewordene Energie des Gegners, um ihn zu Boden zu zwingen. Ziel des Tai Chi ist es immer, den Angreifer nicht zu verletzen. Als Me-

ditation versucht Tai Chi, durch Umwandlung aus den Energien des Körpers und der kosmischen, alles durchdringenden Kraft eine Einheit herzustellen.

Diese Einheit wird jedoch erst einmal vom Körper ausgehend erfahren. Zunächst lehrt Tai Chi, den Körper, seine Funktionen und seine Energieströme zu erkennen. Daraus entwickelt sich das Gewahrwerden der alles umfassenden Einheit. Im Mikrokosmos wird der Makrokosmos erfahren.

Der erste Schritt im Tai Chi ist das Wahrnehmen. Meister Al Chuang-liang Huang sagte dazu: »Siehst du die Stühle, siehst du den Boden, siehst du die Person neben dir? Halte auch die Ohren offen. Hörst du das Scharren der Füße? Hörst du die Gespräche nebenan? Hörst du den eigenen Atem und den der Person neben dir? Halte diese Wachsamkeit rundum lebendig, ohne dein Zentrum zu verlieren. Das ist Tai Chi-Meditation.« Der nächste Schritt ist das Vergessen. Wer alles wahrnehmen kann, kann auch das Nichts, die Leere wahrnehmen und erfahren.

Licht-Imagination

Dem Schützen entspricht die Farbe Violett. Sie ist deshalb die Grundlage einer entsprechenden Licht-Imagination. Beginnen Sie in dem von Ihnen bevorzugten Meditationssitz mit der Entspannung, mit der Bewußtwerdung des Körpers und mit dem richtigen Atmen. Stellen Sie sich nun ein violettes Licht vor, das vor Ihrem inneren Auge aufflackert. Dieses Licht bewegt sich, ist in einem dynamischen Prozeß der Ausbreitung begriffen, füllt Ihren Kopf, Ihren Körper, Ihre Gliedmaßen. Sie sind ganz ausgefüllt vom Schein des violetten Lichts. Kein Winkel Ihres Körpers liegt mehr im Schatten, und Sie erkennen ganz deutlich jedes Detail: Ihre Muskeln, Ihr Herz, Ihre Organe. Überall ist violettes Licht.

Jetzt breitet es sich immer noch weiter aus. Es fließt durch Ihre Haut in den Raum, in dem Sie sitzen, und füllt ihn mit seinem Schein. Dann umflutet es das ganze Haus, in dem Sie wohnen. Kein Raum, kein Winkel, nicht einmal der Keller liegen im Dunkeln. Ihre ganze Straße, der ganze Ort, das ganze Land wird von dem violetten Licht durchflutet. Sie können sehen, wie sich der Schein weiter ausdehnt. Wie von einer Raumstation aus beobachten Sie voller Staunen, daß nun die ganze Erde, der ganze blaue Planet, im Schein des violetten Lichts liegt. Jetzt dehnt es sich sogar über die Atmosphäre hinaus in das All aus und füllt den unendlichen Raum zwischen den Sonnensystemen,

Spiralnebeln und Galaxien. Alles, was nur vorstellbar ist, und selbst alles, was man sich nicht mehr vorstellen kann, ist von dem violetten Licht durchdrungen.
Dies ist der Höhepunkt der Licht-Imagination. Sie fühlen sich gleichzeitig als Urheber wie als winziger Teilnehmer dieses Phänomens. Aus Ihnen kommt das Licht, das alles einschließt, und in Sie wird dieses Licht wieder zurückkehren. Schon merken Sie, wie sich das Licht zurückzieht. Es umhüllt noch die Erde, jetzt nur noch Europa, Ihre Stadt, Ihr Haus, den Raum, in dem Sie meditieren. Am Schluß erlischt der violette Schein vor Ihrem inneren Auge.
Beenden Sie diese Imagination, indem Sie tief ein- und ausatmen, sich strecken und rekeln, die Augen öffnen und langsam in den Alltag zurückkehren.

Runenmeditation

Den Sinn und die wahre Bedeutung der Zeichen der Wirklichkeit zu entdecken entspricht dem Schütze-Prinzip. Aus diesem Grund können auch alte Schriftzeichen als Wegweiser in unsere Mitte verwendet werden. Für unseren Kulturraum bieten sich dazu vor allem die Runen an, die alten Schriftzeichen der Germanen.
Das Wort Rune bedeutet Geheimnis, Rat, geheime

Beratung. Bei den Germanen, die wie die Kelten eine hohe Achtung vor der Macht des geschriebenen Wortes hatten, waren die Runen deshalb viel mehr als bloße Schriftzeichen. Sie wurden vor allem für religiöse bzw. magische Zwecke eingesetzt; erst im späteren Verlauf der Geschichte verloren die Schriftzeichen ihre vorrangige Bedeutung als Kommunikationsmittel zwischen Götterwelt und Menschen.

Aus dieser Vermittlerfunktion zwischen Himmel und Erde, zwischen Göttern und Menschen ergab sich die Verwendung der Runen als Hilfsmittel bei der Befragung des Orakels.

Laut Edda, der Mythensammlung der Nordgermanen, ist das Orakeln mit Runen so alt wie die Welt selbst. Es wird dort erzählt, wie drei alte weise Frauen, die Nornen, an den Wurzeln des Weltenbaumes Yggdrasil sitzen und mit Hilfe von Runen-Orakeln das Schicksal der Welt bestimmen.

»Eine Esche weiß ich, sie heißt Yggdrasil,
die hohe, umhüllt von hellem Nebel;
von dort kommt der Tau, der in Täler fällt,
immergrün steht sie im Urdbrunnen.
Von dort kommen Frauen, vielkundige,
drei, aus dem Born, der beim Baume liegt:
Urd hieß man eine, die andre Werdandi –
sie schnitten ins Scheit –, Skuld die dritte;
Lose lenkten sie, Leben koren sie
Menschenkindern, Männergeschick.«

All jene, denen sich durch Meditation der Zugang zum intuitiven Wissen auftut, werden in das Wesen der Runen eindringen können. Ihnen »raunen Runen rechten Rat«. Man muß ins Reich des Unbewußten eintauchen, um den archetypischen Bedeutungen der Runen zu begegnen.

Es gibt eine Vielzahl von Möglichkeiten, um mit Runen zu meditieren. Eine davon ist eben das Runenorakel:
Unsere Vorväter hatten die Runen auf Buchen-Stäbe geritzt (daher kommt auch unser Wort Buchstabe). Sie warfen diese Holzstäbe, und aus der Lage der Runen lasen sie Anweisungen und Weissagungen, die ihr Leben betrafen.
Sie können sich nun ebenfalls ihre eigenen Runen herstellen: Ritzen Sie die Schriftzeichen in Holzstäbe oder Steine oder malen sie auf Kärtchen. Sie können sie aber auch als Beilage eines Runenbuches kaufen.*
Nachdem Sie Ihre Runenzeichen vorbereitet haben, beginnen Sie mit deren Betrachtung. Sehen Sie sich die Form an, prägen sie sich ein, versuchen Sie das Zeichen mit Ihrer Körperhaltung nachzustellen, fühlen und horchen Sie dabei in sich hinein. Lesen Sie auch die entsprechenden Interpretatio-

* In dem Buch von Zoltan Szabo »Buch der Runen« finden Sie sehr gute Interpretationen der einzelnen Runen, und dem Buch liegen auch die 18 Runensteine, die Sie brauchen, bei.

nen der jeweiligen Runen, und nehmen Sie sie in Ihre Meditation mit.
Erst, wenn Sie sich mit jeder einzelnen Rune befaßt haben, über jede wenigstens einmal meditiert haben, versuchen Sie sich im Orakeln.
Dazu legen Sie Ihre Runensteine verdeckt vor sich hin. Schenken Sie ihnen Ihre ganze Aufmerksamkeit und machen vielleicht eine Atemübung. Wenn Sie dann in meditativer Stimmung sind, mischen Sie die Steine mit den Runen. Berühren Sie dabei jeden einzelnen Stein wenigstens einmal, damit sich Ihre und seine Energie vermischen können. Dann nehmen Sie die linke, die empfangende Hand und lassen Sie sich von den Steinen »rufen«. Versuchen Sie genau zu erspüren, welche Rune von Ihnen gewählt werden will. Auf diese Art nehmen Sie drei Runensteine auf.
Der erste Stein steht für die Vergangenheit, das Fundament, auf dem Sie nun aufbauen müssen. Hier zeigt sich die Beschaffenheit Ihrer »Wurzeln«, Ihre Standfestigkeit. Nur der Baum, der fest und sicher im Boden wurzelt, kann hoch hinaus in den Himmel wachsen.
Der zweite Stein gibt Ihnen Auskunft über die Gegenwart, den momentanen Stand der Dinge, der zum Handeln auffordert. Die dritte Rune zeigt mögliche Folgen für die Zukunft. Versuchen Sie, nachdem Sie über die drei Runen meditiert haben, die dreigeteilte Botschaft zu vereinen. Bilden Sie aus den Runen ein Wort, sprechen Sie die einzelnen Laute aus, und horchen Sie, wo sie Sie berüh-

ren. Meist ist die Erkenntnis um so richtiger, je einfacher sie ist. Bedenken Sie auch, daß es häufig das erste Gefühl, der erste Eindruck, der erste Gedanke ist, der den richtigen Weg zur Interpretation zeigt.
Stellen Sie eine Verbindung her zwischen den Runen, die Sie gewählt haben, und dem Schicksal, das Sie gewählt haben. Versuchen Sie herauszufinden, in welcher Form Ihnen vielleicht genau diese Runenzeichen schon öfters begegnet sind, als Namen oder deren Anfangsbuchstaben, Worte, Zeichen, Körperhaltungen, in Träumen... Schenken Sie Ihrem Orakel so lange Ihre Aufmerksamkeit, bis Sie glauben, der Ur-Bedeutung der Runenzeichen ganz nahe gekommen zu sein.

Eine weitere Möglichkeit, Runen als Eingang in Ihre innere Welt zu verwenden, wäre die Berechnung Ihrer Geburtstagsrune, der sogenannten Lebensrune. Sie können auch die Runen Ihres Vornamens, Nachnamens und Ihres Geburtsortes errechnen.* Verbinden Sie dann die einzelnen Zeichen, ergibt sich Ihre Schicksalsrune, die ein symbolisches Abbild Ihrer Kräfte und Möglichkeiten darstellt.

* Genaue Anleitungen, wie das funktioniert, finden Sie in dem Buch von Robert Griesbeck und Peter Orzechowski »Die Kraft der Rätsel. Weisheitsspiele der Welt«, München 1986.

Lassen Sie sich beim Umgang mit Runen vor allem von Ihrer Intuition leiten, und finden Sie Ihre eigene Art, damit umzugehen. Sie werden staunen, wie viele neue, Ihnen entsprechende Möglichkeiten Sie dabei entdecken werden.

Mandalameditation

Mandala bedeutet im Sanskrit wörtlich Kreis, Zentrum; es ist damit symbolischer Ausdruck des Wesens des Universums, Sinnbild für das Eine, das alles in sich einschließt.
Ein Mandala zeigt, wie aus dem Einen die Vielfalt wächst und hinter jeder Vielfalt wieder das Eine liegt. Es gibt daher keine bildliche Darstellung, die der Meditation besser entspricht als ein Mandala. Sowohl beim Mandala als auch bei *Medi*-tation geht es um den Weg in die Mitte, aus der alles kommt, zu der alles hinstrebt, in der alles enthalten ist.
Das Malen von Mandalas ist deshalb auch eine der ältesten Meditationstechniken. Die Form des Mandalas finden wir als »Grundmuster« des Universums überall: unsere Erde ist ein Mandala; überhaupt alles auf unserem Planeten besteht aus Mandalas, da alles aus Atomen besteht, und jedes Atom wiederum ist ein Mandala. Auch die Planetenbahnen um die Sonne zeichnen ein Mandala.

Suchen Sie sich also eines der vielen Mandalas für eine Meditation aus.*
Besorgen Sie sich Material, das Sie zum Zeichnen und Malen benötigen. Überlegen Sie sich genau, womit Sie am liebsten umgehen, nehmen Sie alles bei dieser Auswahl wichtig. Dem Schütze-Prinzip entsprechend würden Sie feurige Farben wie Rot, Gelb, Orange und vor allem Violett wählen.
Nehmen Sie nun eines der Blätter aus dem in der Fußnote erwähnten Mandalabuch oder -malblock und Ihre Malfarben, und setzen Sie sich an Ihren Meditationsplatz. Machen Sie sich eine schöne Meditationsstimmung mit Räucherstäbchen, passender Musik... Beginnen Sie dann mit dem Malen. Lassen Sie sich ganz einnehmen von dieser Tätigkeit, lassen Sie »es« malen. Stellen Sie jeden vordergründigen »Kunstanspruch« zurück und malen aus Ihrer Mitte heraus. Betrachten Sie sich selbst als Werkzeug, mit dem gemalt wird.
Wenn Sie mit dem Malen fertig sind, können Sie über das Bild meditieren. Dazu setzen Sie sich aufrecht und bequem hin und betrachten Ihr Mandala, das Sie in Augenhöhe vor sich aufgestellt oder befestigt haben, mit dem »weichen Blick« (der

* In dem Buch von Rüdiger Dahlke »Mandalas der Welt. Ein Meditations- und Malbuch«, München 1985, finden Sie zahlreiche Mandalas und deren Geschichte, mit denen Sie meditieren und malen können. Ergänzend zum Buch gibt es den »Mandala-Malblock mit 72 ausgewählten Mandalas aus Ost und West und aus der Mitte«.

Blick ist dabei auf »unendlich« eingestellt). Behalten Sie das Mandala einfach im Auge, ohne es angestrengt anzuschauen oder anzustarren. Immer, wenn Sie merken, daß andere Gedanken Sie ablenken, kehren Sie sanft mit Ihrer Aufmerksamkeit wieder zurück zur Mitte des Mandalas.
Meditieren Sie ungefähr zwanzig Minuten auf diese Art und Weise.

Geführte Meditationen

Geführte Meditationen wurden in den letzten Jahren bei uns unter den verschiedensten Namen wie katathymes Bilderleben, Phantasiereisen, geführte Tagträume usw. populär. Obwohl sicherlich ähnlich alt wie andere Meditationstechniken, verdankt diese Richtung ihren heutigen Aufschwung der besonderen Eignung für den westlichen, intellektbetonten Menschen. Während nämlich die allermeisten östlichen Meditationssysteme von Anfang an darauf zielen, die während der Meditation auftauchenden Gedanken und Phantasien als lästige Störenfriede loszuwerden, machen geführte Meditationen gerade diese Gedanken und Bilder zu Stufen auf ihrem Weg zur Mitte.
Darüber hinaus paßt diese Technik auch deshalb gut in unsere Zeit, weil sie sich, wie nur wenige andere, unserer modernen Möglichkeiten bedienen kann, nämlich der Tonträger. Während es grund-

sätzlich nicht so leicht ist, etwas so Praktisches wie Meditation theoretisch aus einem Buch zu lernen, gibt es für geführte Meditationen kein besseres Medium als Tonkassetten – abgesehen von einem persönlichen Lehrer.
Auch ist es bei dieser Technik möglich – ja sogar empfehlenswert –, sie im Liegen durchzuführen. Man erspart sich so den für westliche Menschen zumindest anfangs sehr schwierigen aufrechten Meditationssitz. Das Vorgehen ist im Gegenteil äußerst einfach. Notwendig ist lediglich ein bequemer, ungestörter Liegeplatz (wie das eigene Bett, der Teppich usw.) und ein Tonbandgerät. Von der Stereoanlage bis zum einfachen Kassettenrecorder ist alles geeignet, als besonders günstig erweisen sich die mit Kopfhörer ausgerüsteten Kleinstgeräte (Walkman). Natürlich kann man sich eine geführte Meditation auch von jemandem vorlesen lassen, allerdings erfordert das bei dem Lesenden einige Übung, um die richtige Geschwindigkeit und Betonung zu treffen. Auch die passende Hintergrundmusik wird dann von ihrer Art und Lautstärke her leicht zum Problem. Im Anhang finden Sie für diesen Fall verschiedene Musiken, wobei darauf zu achten ist, daß wirksame Musiken gerade nicht besonders »schön« sein sollten. Eine einprägsame Melodie und ein sich in den Vordergrund drängender Rhythmus sind eher hinderlich. Geeignete Meditationsmusiken sollten im Hintergrund bleiben und eine ruhige Stimmung verbreiten, also nicht etwa ihre Wirkung durch Lautstärke

erzielen. Förderlich ist, wenn sie obertonreich sind, um die verschiedensten Saiten in uns zum Mitschwingen zu bringen. Zusätzliche Meditationshilfen könnten Räucherstäbchen oder Kerzen sein, die Ihre Umgebung in Ein-klang mit Ihrem Vorhaben bringen.
Tatsächlich sind geführte Meditationen keine neuen Erfindungen, sondern uralte Bestandteile von Einweihungszeremonien und lange vergessenen Ritualen. Folglich wird sich ihre Wirkung auch heute noch durch die entsprechende Umgebung verstärken lassen. So wie es sofort einleuchtet, daß ein Ritual im feierlichen Rahmen eines entsprechend vorbereiteten Domes tiefer gehen kann als auf dem Hauptbahnhof einer Großstadt, so mag es auch klar sein, daß eine Meditation in einem symbolisch stimmigen Rahmen tiefer geht. Heute sind wir in der Lage, den Sinn all dieses »Drumherums« auch verstandesmäßig zu begreifen. Das ist zwar für die Wirksamkeit des betreffenden Rahmens ziemlich unwichtig, mag uns rationale Menschen aber motivieren, uns um den richtigen Rahmen intensiver zu bemühen. Dank moderner Gehirnforschung wissen wir, daß wir uns in den Wohlstandsgesellschaften des Westens fast ausschließlich auf die linke Gehirnhälfte verlassen. Sie arbeitet, analytisch zerlegend, streng rational und regiert unsere Sprache und damit unser im wesentlichen vernunftgeprägtes Denken. Nun geht es aber bei Meditationen nicht um unsere eine (in diesem Fall linke) Hälfte, sondern um die Mitte und

das Ganze. Um aber in die Mitte (zwischen linke und rechte Gehirnhälfte) zu kommen, ist es für westliche Menschen besonders notwendig, die ignorierte Gehirnhälfte anzuregen und ins Gleichgewicht mit ihrem Gegenpol zu bringen. Die rechte Gehirnhälfte »denkt« ganzheitlich, vielmehr in großen Mustern als in Einzelheiten, sie nimmt etwa ganze Bilder wahr, »Gestalten«; sie ist auch der Grund, aus dem Mythologien und Märchen aufsteigen. Wenn wir nun mit Tönen und Musik Stimmungen erzeugen, Farben und Düfte nutzen, um in sich stimmige Muster aufzubauen, regen wir unsere rechte Gehirnhälfte an und bewegen uns damit auf die Mitte zu.

Hier mag auch noch ein weiterer Grund für die zunehmende Beliebtheit solcher Meditationen liegen: Diese Technik arbeitet ja ausschließlich mit Symbolen und Gestalten, um die eigenen inneren Bilder anzuregen und spricht damit vor allem unsere zu kurz gekommene (rechte) Seite an. Der entscheidende Trick ist dabei allerdings, daß die ersten Schritte von unserer rationalen (linken) Seite durchaus mitverstanden und folglich mitgegangen werden und die Umpolung kaum merklich und wie von selbst erst im Laufe der Reise geschieht. Diese Umpolung vom rein rationalen Verstehen zum ganzheitlichen Erleben ist und war zu allen Zeiten Ziel von Meditationstechniken, und wo immer geführte Meditationen in früheren Zeiten benutzt wurden, waren sie eingesponnen in einen Rahmen, der die entsprechende Umpolung förderte. Wenn Indianer auf ihre innere Reise gingen, um ihr Totemtier zu finden, hatten sie sich eingehend vorbereitet durch Fasten, Schwitzhütten und andere Rituale, die sie in Einklang mit den vier Elementen brachten. Westliche Magier aber trafen symbolisch ganz ähnliche rituelle Vorkehrungen, wenn sie sich auf ihre Trancereisen begaben. So ist die Technik der geführten Meditation eine uralte, die sich aber sehr elegant und wirksam in unsere heutigen Lebensumstände einbauen läßt. Tatsächlich erfordert sie den entsprechenden rituellen Rahmen auch nicht zwangsläufig – er ist lediglich förderlich. Auch auf dem schon erwähnten Hauptbahnhof sind solche Meditationen (z. B. mit einem Walkman) möglich, wie auch auf Reisen mit Bus, Zug oder Flugzeug. Für den Anfang empfiehlt sich allerdings eine geschütztere und intimere Atmosphäre, die die ersten Schritte durch ihre Ein-stimmigkeit fördert.

Geführte Schütze-Meditation

Legen Sie sich bequem und entspannt hin, die Beine ausgestreckt, die Arme locker seitlich vom Körper und schließen die Augen. Mit diesem Schließen der Lider verabschieden Sie sich gleichermaßen von der äußeren Welt – und tatsächlich beginnt im selben Moment die Reise nach innen. Alles, was nun zu sehen und zu erkennen ist, wird innen sein, in der Welt der Vorstellungen und Bilder, Gedanken und Phantasien. So wie wir uns ja auch nachts mit geschlossenen Augen auf die weiten Traumreisen begeben, tun wir es jetzt, indem wir die äußeren Augen für die äußere Wirklichkeit schließen und uns damit zugleich, und ohne etwas Besonderes tun zu müssen, für unsere innere Wirklichkeit öffnen, für jene Welten der Phantasien und Märchenbilder, der Symbole und der Intuition. Auch die nächtlichen Träume brauchen wir uns ja nicht zu erarbeiten. Sie fallen uns in der Entspannung des Schlafens zu, und so geschieht es auch jetzt. Obwohl die Augen geschlossen sind, können Sie sich z. B. Ihren Körper sehr wohl vorstellen, wie er ausgestreckt und entspannt auf der Unterlage liegt, ja Sie können auch sein Gewicht auf der Unterlage spüren und mit jedem Ausatemzug wahrnehmen, wie Sie sogar noch tiefer sinken. Und während Sie das erleben, hören Sie meine Stimme und das Fließen der Töne im Hintergrund, und Sie öffnen sich bereitwillig allem, was dazu an Gedanken, Bildern und Vorstellungen auf Sie zukommt. Diese Töne und meine Worte, die ja auch Töne sind, begleiten Sie auf und zu Ihren Gedanken- und Bilderreisen. Ich brauche nur das Wort »Wiese« zu sagen, und schon taucht die Vorstellung einer Wiese auf. Sie können gar nichts dagegen und auch gar nichts dafür tun, die Wiese fällt Ihnen einfach zu – aus meinen Worten in Ihre Gedankenbilder – irgendeine Wiese aus Ihrer Phantasie, und um so genauer Sie hinschauen, desto deutlicher wird die Wiese – probieren Sie es – und wieder läßt es sich gar nicht ändern. Auch all die Einzelheiten fallen Ihnen zu – ohne alle Anstrengung – einfach so. Ich brauche jetzt nur »Wald« zu sagen, und schon werden Sie irgendwo in Ihrer Wiesenlandschaft einen Wald finden. Und wenn ich noch einen Bach erwähne, wird auch der jetzt schon oder gleich vor Ihrem inneren Auge auftauchen. Und genauso geschieht es mit allen weiteren Bildern und Gedanken, meinen und Ihren. Unsere innere Welt ist voller Bilder und Muster, und alles, was wir je gesehen haben, erinnern wir jederzeit, wenn wir nur wollen, und noch mehr darüber hinaus. Und so sind Sie jetzt in Ihrer Wiesenlandschaft – mit dem Bach und dem Wald irgendwo im Hintergrund – und sind bereit zu träumen, ja, auf Traumreise zu gehen in diese weite Welt. Den Farben der Landschaft nach zu schließen, ist es später Herbst, das letzte Laub der Bäume leuchtet vom Wald herüber, und die Sonne ist noch warm, obwohl es schon spät im Jahr ist und sie sich auch schon dem Horizont nähert. Gerade dadurch aber verleihen ihre schräg einfallenden Lichtstrahlen der Welt etwas Gewaltiges, Weites und Leuchtendes. Der Himmel ist tiefblau, und nur wenige weiße Wolkenberge zeichnen sich scharf und kontrastreich darauf ab. Sie hätten gerade Lust, mit den Wolken zu ziehen, und so suchen Sie sich einen bequemen Ruheplatz, um ihnen wenigstens mit den Blicken folgen zu können – strecken sich behaglich aus und beginnen die Wolkenreise.

Nicht nur bewegen sich die Wolken am Himmel entlang, sie sind auch, jede für sich, in ständiger Eigenbewegung, quellen auf und durchdringen sich, bilden Auswüchse und Höhlen, und alles in einer schwungvoll leichten und großzügigen Art. Es gibt genug Raum dort am Himmelszelt, um jeder Wolke ihre freie Entfaltung zu gestatten. Und wie Sie so, den Wolken nachsinnend, zum Himmel schauen, wird Ihnen klar, warum unsere Vorfahren vom Himmelszelt sprachen – ist es doch wirklich ein riesiges Zelt, unter dem wir leben und unter dem Sie nun liegen und die Wolken begleiten auf ihrem Flug, über das tiefblaue Himmelsgewölbe. Ach, könnten Sie doch mit ihnen um die Welt ziehen oder hätten Gullivers Siebenmeilenstiefel zu Ihren Diensten. Und als hätten es Ihre Gedanken herbeigezaubert, nimmt ein Flugzeug Ihre Fernwehträume auf und malt seine schneeweiße Spur in den blauen Himmel. Ihre Gedanken wandern hinauf zu dem winzigen silbernen Vogel, der lautlos und majestätisch über Sie zieht. Und für einen Moment kommen Sie ihm nahe, sehen seinen wuchtigen Körper und die weitgespannten Flügel mit den mächtigen Antriebsdüsen. Vorne der Kopf ist etwas aufgebläht. Es muß ein Jumbo-Jet sein, einer dieser Elefanten unter den Flugzeugen, der sich doch so elegant und sicher bewegt wie ein Albatros im Gleitflug. Was für ein Wunder, daß dieser Riese fliegen kann, mit Hunderten von Menschen in seinem Bauch! Und ist es da noch ein Wunder, wenn Sie mitfliegen für einen Moment?

Über Länder und ferne Meere – in das Land Ihrer Träume. Und tatsächlich befinden Sie sich ja auf einer Reise in Ihre innere Welt – ins Land der unbegrenzten Möglichkeiten. Und Bilder dieses Landes tauchen auf und ganze Landschaften – monumentale Bergszenerien und unübersehbare Wälder – und da ein gigantischer Wasserfall. Es ist, als falle ein ganzer See in eine tiefer gelegene Welt. Wände von Wasser stürzen in unübersehbare Tiefen und lassen Wolken von Wasserdampf zum Himmel steigen. Sie sind nun dem Geschehen und damit der Erde näher – eine Reise über enorme Entfernungen liegt hinter Ihnen und in enormer Geschwindigkeit. Im Land der Träume und unbegrenzten Möglichkeiten reisen Sie mit der Geschwindigkeit der Gedanken und können sich jedem anderen Lebensrhythmus mühelos anpassen und einfügen. Voraus in der sich weitenden Landschaft sehen Sie jetzt eine Herde galoppierender, offenbar wilder Pferde – die Leiber bewegen sich in scheinbar anstrengungsloser Kraft – der Galopp der einzelnen Körper verbindet sich zu einem Fluß der Kraft und Energie – bekommt etwas Schwereloses, fließt wie auf Wolken – und tatsächlich verschwimmen die donnernden Hufe in den aufgewirbelten Staubwolken der Steppe – die Herde jagt in rasender Flucht dahin – über Stock und Stein, Gräben überspringend und alle Hindernisse in traumhafter Sicherheit nehmend. Sie sind so schnell – so schnell wie der Wind –, und doch sind Sie genauso schnell hinter ihnen, ja Sie können die

Bewegungen des rasenden Galopps selbst spüren – wie die Flanken der Pferde arbeiten, die Hufe den Boden trommeln – und obwohl Sie die kräftigen Bewegungen mit Ihren Schenkeln spüren, bleiben Sie doch in ziemlicher Ruhe – wie ein Reiter, der, nach vorn gebeugt, die Schenkel an den Pferdeleib geschmiegt, dahinjagt – und Sie sind dieser Reiter, der die große Herde jagt – kein Sattel stört den Kontakt zu Ihrem Pferd – das Leder der Zügel liegt entspannt in Ihren Händen – der kleinste Schenkeldruck genügt, um der wilden Jagd Richtung zu geben. Die Herde durchquert einen flachen Fluß, und das Wasser spritzt in alle Richtungen – schon erreichen auch Sie den Fluß – so nahe sind Sie nun der Herde – und ohne das Tempo zu verringern, galoppieren Sie durch das Wasser hinterher, das wie ein glitzernder Vorhang zu beiden Seiten aufspritzt. Ihr Hengst kennt den Weg und kennt auch die Herde, die Sie jagen – spürt wohl noch die eigene Wildheit und die unbändige Kraft seiner Zeit in den freien Steppen und Savannen. Und Sie lassen sich anstecken von diesem Gefühl – spüren Ihre eigene Kraft und Weite, Ihre Dynamik und Begeisterung – erlauben dem Blick, weit über das Land – Ihr Land – zu schweifen, und Sie lassen die Zügel locker, jedoch jederzeit bereit, zuzugreifen und den weiteren Weg zu bestimmen. Nun öffnet sich ein gewaltiger Canyon vor Ihnen, und die Herde stürmt, wie beabsichtigt, in diese Richtung. Es ist ein enormes Tal, das sich da auftut – immer höher türmen sich die Wände auf – steil oder terrassenförmig – so gigantisch, daß Sie sich nun plötzlich in der Tiefe des Landes fühlen. Der gerade noch weite Blick engt sich ein, und der Himmel wird zu einem schmalen blauen Streifen weit oben. Das Gelände wird schwieriger und steiniger, und Sie zügeln Ihren Hengst ein wenig, denn auch die fliehende Herde scheint langsamer zu werden. Sie wollen sie wohl treiben, aber nicht in Panik versetzen. Und dann erreichen Sie einen Talkessel, sind am Ziel und stoppen die wilde Jagd. Die Herde drängt sich in dem Kessel zusammen, und Sie bleiben am Eingang zurück. In aller Ruhe holen Sie einen Bogen von Ihrem Rücken, legen einen Pfeil auf die Sehne, um ein Zeichen zu geben. Ihr rechter Arm spannt den Bogen, bis die Pfeilspitze zitternd an Ihrer Linken am Bogen anliegt. Sie spüren die vibrierende Kraft, die sich mit dem Loslassen schlagartig entlädt und den gefiederten Pfeil weit hinaufträgt. Ihr Blick folgt dem schnellen Flug, und Ihre Sehnsucht heftet sich an den Pfeil. Es ist, als flögen Sie mit Ihrem eigenen gefiederten Boten hinauf und immer weiter hinauf und davon. Ihre Sehnsucht beflügelt den Flug, und Ihre Dynamik und Energie geben ihm Kraft. Sie durchstoßen die Wolken und durchfliegen Welten aus Dunst und Licht – helle, hoch aufgetürmte weiße Schleiermeere und auch dunkle, fast unheimliche Wolkengebirge, aus denen es blitzt und donnert. Doch Sie kennen jetzt keine Angst, im Gegenteil: Blitz und Donner scheinen Ihnen seltsam vertraut als Zeichen der Macht des Himmels. Das Reisen durch Raum und

Zeit ist Ihnen eigenartig angemessen – der Raum so frei und in alle Richtungen offen – und auch die Zeit seltsam unendlich –, Sie können sich einfach treiben lassen in der grenzenlosen Weite oder sich nach Belieben der Erde mit ihren konkreten Situationen annähern. Dort unten etwa zieht Sie gerade eine äußerst wichtige Gerichtsverhandlung in einem eindrucksvollen, großzügigen Palast an. Nicht, daß es Sie interessieren würde, worüber da verhandelt wird, vielmehr spricht Sie die ganze Atmosphäre des beherrschenden Justizpalastes an. Und Gerechtigkeit liegt Ihnen überhaupt am Herzen. Mit dem alten, weisen Richter in seiner prunkvollen Robe und seinen Achtung gebietenden Gesten können Sie so richtig mitfühlen. Und wie Sie ihn so betrachten, mit seiner Locken-Perücke, und in seine weisen und toleranten Augen blicken, sind Sie plötzlich bereit, von ihm ein Urteil über sich selbst, Ihr bisheriges Leben, fällen zu lassen. Und auch er ist bereit, Ihnen Gerechtigkeit widerfahren zu lassen, und nimmt sich die Zeit, zu Ihnen zu sprechen. Eigenartigerweise spricht er in Ihren eigenen Gedanken, ja, seine Worte sind Ihre Gedanken, über sich selbst, und so hören Sie sich an, wie er, der weise, alte Richter, Ihr bisheriges Leben beurteilt. Seine Worte sind Ihre ersten Gedanken, und es liegt eine entwaffnende Ehrlichkeit und Gerechtigkeit in ihnen. Die wichtigsten Situationen Ihres Lebens werden von seinen Worten in die Erinnerung zurückgeholt, und Sie erleben die salomonischen Schiedssprüche des alten Richters, der da in Ihnen spricht. Er übersieht nichts und erwägt alles, sieht den Überfluß genauso wie das, was noch fehlt in Ihrem Leben. Zeit und Raum bilden keine Hindernisse für den alten Richter. Er sieht das Muster in der Tiefe der Erscheinungen – durchschaut unsere Realität – bis in ihrer Tiefe die Wirklichkeit aufscheint. –

Wenn Sie sich nun allmählich vom alten Richter verabschieden, sind Sie dankbar und bewegt. Seine gütigen Augen lassen keinen Zweifel an seiner echten Toleranz. Er akzeptiert Sie, wie Sie sind, obwohl oder gerade weil er bis auf den Grund der Dinge blicken kann. Wie Sie sich nun vom Justizpalast lösen und Ihren Flug um die Erde fortsetzen, wird Ihnen bewußt, welche Rolle der Gedanke der Gerechtigkeit in Ihrem bisherigen Leben gespielt hat, und Sie beschließen bei sich, von jetzt an regelmäßig den alten, weisen Richter zu besuchen und sich von ihm Gerechtigkeit widerfahren zu lassen.

Und während Sie sich weiter treiben lassen durch das eigenartig transparente Gewebe von Raum und Zeit, wird Ihnen auch noch bewußt, welche Rolle Reisen in Ihrem bisherigen Leben gespielt haben, Reisen in die äußere Welt und jene in die innere wie diese, auf der Sie sich jetzt gerade befinden. Und Sie werden sich klar darüber, wie leicht Ihnen Reisen eigentlich fällt, besonders das in die eigene Innenwelt. Und so entscheiden Sie sich jetzt selbst, ob Sie diese Reise nun beenden und mit all den neuen Erfahrungen und Erkenntnissen zurückkehren wollen an Ihren Ruheplatz in Ihrer ersten Landschaft und dann mit einem tiefen Atemzug und anschließendem Räkeln und Strecken auch an den Ruheplatz, wo Sie diese Meditation begonnen haben – oder ob Sie noch weiter fliegen wollen und später, ganz für sich allein, zurück- und heimkehren wollen. Der Platz, an dem Sie begonnen haben, zu träumen und zu fliegen, läge jetzt direkt unter Ihnen, und Sie bräuchten nur hinabzugleiten, oder Sie nutzen das Knacken des Tonbandgerätes, um zu einem weiteren Flug in Ihre inneren Welten aufzubrechen – zu anderen Situationen, die Ihnen naheliegen und sich Ihnen so auf der Reise nähern werden – einem feierlichen Ritual in einer alten Kathedrale etwa – oder einer Reise durch die farbenprächtige Welt der Südsee – oder Ausflüge zu all jenen Situationen und Orten, die vor Ihrem inneren Auge auftauchen aus der Tiefe Ihrer eigenen Mitte.*

* Diese und eine weitere geführte Schütze-Meditation sind auch auf Kassette bei Edition Neptun erschienen. Andere geführte Meditationen, die dem Schütze-Prinzip entsprechen, sind von Rüdiger Dahlke: »Schleier der Zeit« und »Heilung«, Edition Neptun; und von G. Bayer: »Fremder Planet – Der Pilger« aus dem Kassettenset »Fantasiereisen« mit Musik von Deuter, erschienen im De-Hypnoverlag.

Kerzenflammenmeditation

Der Schütze ist eines der drei Feuerzeichen des Tierkreises. Das Feuerelement repräsentiert daher grundsätzliche Eigenschaften dieses Zeichens. So wie das Feuer und die Wärme expandierenden Charakter haben, die Tendenz, sich auszudehnen, ist dies auch ein Grundanliegen des Schützen. Die Flamme, die nach oben strebt, brennt auch im Schütze-Zeichen, das sich nach fernen Zielen und übergeordneten Sinnzusammenhängen sehnt.
Als Symbol dafür können Sie eine Kerzenflamme als Meditationsobjekt wählen.
Begeben Sie sich an Ihren Meditationsplatz, und setzen Sie sich bequem hin, nachdem Sie ungefähr einen halben Meter vor sich eine brennende Kerze gestellt haben. Machen Sie sich den Ort Ihrer Meditation bewußt, spüren Sie in sich hinein, wie alles in Ihnen ruhiger wird, der Atem, die Gedanken, wie alle Anspannung losläßt. Lenken Sie Ihre Aufmerksamkeit auf den Atem, beobachten ihn, ohne einzugreifen oder ihn zu steuern, beobachten einfach, wie er von selbst kommt und geht. Verweilen Sie so lange bei Ihrem Atem, bis totale Ruhe in Sie eingekehrt ist. Dann richten Sie Ihren Blick sanft auf die Kerzenflamme vor Ihnen, schauen, wie sie sich bewegt und tanzt, beachten ihre verschiedenen Farben und wie sie sich nach oben reckt in der Form einer Pfeilspitze, deren größte Sehnsucht es zu sein scheint, hoch hinaus in den Himmel zu fliegen. Lassen Sie, während Sie die Flamme mit wei-

chem Blick betrachten, Bilder in Ihnen aufsteigen, spüren, wo in Ihnen Ihr Feuer brennt, das Ewige Licht in Ihnen, das Sie mit dem Göttlichen (rück-) verbindet. Lassen Sie sich von Ihrer inneren Flamme den Weg zu Ihrem Ziel zeigen.
Versuchen Sie auch das Element Feuer, das äußere, konkrete und das innere, zu erfassen, beleuchten Sie und lassen Sie sich damit erleuchten, bis Ihnen »ein Licht aufgeht«. Lassen Sie sich ganz auf das Wesen des Feuers ein, seine Gefahren, seine Möglichkeit, das Licht der Weisheit zu bringen, Licht und Wärme zu spenden, nicht umsonst spricht man auch von brennenden Herzen. Rufen Sie sich ins Bewußtsein, daß Feuer in dieser Welt auch Materie (z. B. Holz) braucht, um brennen zu können, und setzen Sie diese Tatsache wieder in bezug zu Ihrem Leben; welche konkrete Basis schaffen Sie Ihrem inneren Feuer, daß es überall dort brennen kann, wo es will?
Lassen Sie sich von Ihren inneren Bildern immer weiter tragen, bis Sie fast das Gefühl haben, als würden Sie selbst zur Flamme, die da tanzt und flackert und Licht und Wärme spendet. Wenn Sie diese Meditation dann beenden wollen, atmen Sie ein paarmal tief durch, bewegen Ihren Körper und tauchen auf im Hier und Jetzt. Sie können das Erlebnis dieser Meditation noch nachklingen lassen, indem Sie ein Bild über Ihre Erfahrungen mit dem Feuer malen.

Ausdehn-Atem

Der Wunsch nach Expansion ist ein zentraler des Schütze-Prinzips. Nehmen Sie dies als Anlaß für eine entsprechende Atemmeditation.
Setzen Sie sich bequem an Ihren Meditationsplatz, und geben Sie sich Zeit, dort auch wirklich anzukommen. Sie spüren die Unterlage, die Sie trägt, Sie in Kontakt mit dem Unten, der Erde bringt, spüren, wie sich durch die Kraft der Erde Ihr Rükken, Ihre Wirbelsäule gerade aufrichten und in den Himmel ragen, wie Sie so das Unten mit dem Oben, die Erde mit dem Himmel verbinden.
Und wie Sie so dasitzen und immer ruhiger werden, immer mehr loslassen, alles immer gleich-gültiger wird, richten Sie Ihre Aufmerksamkeit auf Ihren Atem und beobachten eine Weile, wie er kommt und geht, sanft und gleichmäßig, ohne daß Sie etwas dazu tun müssen, Sie lassen einfach geschehen, was geschehen will, lassen Gedanken kommen, aber auch wieder gehen, wie der Atem kommt und geht.
Nach einer Weile, wenn Sie wirklich ganz ruhig und entspannt sind, beginnen Sie aktiv durch die Nase einzuatmen, ziehen den Atem hoch bis zur Fontanelle und noch darüber hinaus und stellen sich dabei vor, wie sich alles in Ihrem Körper ausdehnt, jede Zelle größer und weiter wird.
Atmen Sie durch den Mund passiv aus, das heißt, lassen Sie den Ausatem einfach geschehen, ihn einfach von selbst hinausfließen. Die Ausdehnung Ih-

res Körpers wird aber durch das Ausatmen nicht geringer. Mit dem Ausatem geben Sie aber alles ab, was Sie von der Verwirklichung Ihrer Ziele abhält. Während Sie dann wieder durch die Nase bis über die Fontanelle hinaus einatmen, lassen Sie weiter jede Zelle Ihres Körpers größer werden, und mit dem folgenden Ausatem geben Sie wieder alles ab, was Sie an Ihrem Expansionswunsch hindert. Atmen Sie so lange auf diese Weise, bis Sie allen Raum ausfüllen, den Sie gerne ausfüllen wollen. Beenden Sie die Meditation, indem Sie Ihren Atem wieder in seinen eigenen Rhythmus entlassen, langsam Ihren Körper bewegen und ganz zum Schluß die Augen öffnen.

Ballonmeditation

Legen oder setzen Sie sich bequem an Ihren Meditationsplatz, schließen Sie Ihre Augen, lassen los von allem Alltagsgeschehen und kommen wirklich hier an diesem Ort an, der für die nächste Zeit Ausgangspunkt Ihrer Innenreise sein wird. Spüren Sie Ihren Körper in Kontakt mit der Unterlage, die Sie trägt und der Sie sich ganz anvertrauen, so daß Sie nichts machen oder halten müssen, sondern einfach loslassen können, geschehen lassen, was geschehen will. Ruhe und Stille breiten sich in Ihnen aus, und während Ihr Körper immer schwerer wird und tiefer sinkt, wird gleichzeitig Ihr Atem immer weiter und freier. Genießen Sie diesen Zustand der Entspannung, lassen Sie sich ganz in ihn fallen. Nach einer Weile lenken Sie Ihr Bewußtsein auf Ihren Atem. Stellen Sie sich vor, während Sie durch die Nase einatmen, wie mit diesem Atemzug weißes Licht in Sie einströmt. Wenn Sie dann mit dem Mund ausatmen, geben Sie gleichzeitig alle verbrauchte und verunreinigte Energie nach außen ab. Atmen Sie auf diese Art und Weise so lange, bis Sie ganz erfüllt sind von weißem Licht und reiner Energie. Und dann stellen Sie sich vor, wie mit jedem weiteren Atemzug diese weiße Lichtenergie aus Ihrer Fontanelle, am Scheitel des Kopfes, ausströmt und wie der Wasserstrahl eines Springbrunnens an Ihnen herunterfließt, und mit jedem Einatemzug holen Sie sich das weiße Licht an Ihren Fußsohlen wieder in sich herein. Atmen Sie so lange auf diese Weise, bis Sie das Gefühl haben, sicher und geborgen in einer Kugel aus weißem Licht zu sein, die Sie beschützt und die Sie wie ein Ballon überall hintragen kann. Lassen Sie Ihren Lichtballon nun fliegen, hoch hinauf, weit hinaus in den Weltraum. Machen Sie eine Entdeckungsreise in den Kosmos, besuchen Sie ferne Galaxien, Planeten und Sterne. Wenn Sie wollen, können Sie auch auf fremden Sternen landen, denn in Ihrer Kugel kann Ihnen nichts geschehen. Sie können sich auch auf die Suche nach Ihrem inneren Führer, Ihrem Höheren Selbst, Ihrem Schutzengel machen, der, wer weiß, irgendwo im Kosmos darauf wartet, von Ihnen gefunden zu werden. Oder Sie

besuchen Jupiter, den Planetenherrscher des Schützen. Lassen Sie also Ihrem Ballon und Ihrer Phantasie freien Lauf.
Wenn Sie dann diese Meditation beenden wollen, tun Sie das auf die übliche Art und Weise: Atmen Sie ein paarmal kräftig durch, bewegen Ihren Körper und öffnen dann erst wieder die Augen.

Out-of-Body-Reisen

Legen Sie sich bequem an Ihren Meditationsplatz, die Beine nebeneinander, die Arme seitlich vom Körper. Lassen Sie sich tragen von der Unterlage, auf der Sie liegen, werden immer schwerer und sinken immer tiefer, lassen immer mehr los von allem Sollen und Wollen, lassen einfach geschehen, was geschehen will und mag. Und während Sie hier liegen, Ihr Körper immer schwerer wird und immer tiefer sinkt, wird Ihr Atem immer leichter und freier. Und je länger Sie hier liegen, ganz im Augenblick, und einfach alles geschehen lassen, loslassen, spüren Sie, wie Ihre Seele und Ihr Bewußtsein sich immer weniger an den Körper und immer mehr an den Atem binden, mit ihm immer weiter, leichter und freier werden. Sie geben sich diesem Zustand der Freiheit hin, fühlen sich fast wie eine Flamme, die leicht und sanft im Wind tanzt. In Ihren Gedanken bilden Sie nun einen Kreis aus weißem Licht, das aus Ihrer Herzgegend ausströmt, um sich, der Sie im Uhrzeigersinn fließend einschließt. Und Sie wissen, daß dieser Kreis Sie auf Ihrer ganzen Reise schützen wird. Wenn Sie dann einen Zustand tiefer Meditation erreicht haben, versuchen Sie sachte aus Ihrem Körper zu gleiten. Stellen Sie sich dabei vor, Ihr Körper ist wie ein Kleid, das Sie mit einem Reißverschluß öffnen und einfach ausziehen.

Oder Sie versuchen sich seitlich aus Ihrem Körper herauszurollen, indem Sie den Kontakt mit ihm lockern und in Gedanken erst mal in ihm hin und her rollen.

Sie können sich auch einfach mit dem Kopf zuerst aus dem Körper erheben, so daß Sie dann im rechten Winkel zu ihm stehen. Wenn Sie Ihren Körper verlassen haben, was bei den meisten Menschen einiger Übung bedarf, obwohl jeder im Traum jede Nacht solche Out-of-Body-Reisen macht, drehen Sie sich Ihrem unter Ihnen liegenden Körper zu und betrachten ihn genau, mit dem Wissen, daß Sie *jederzeit sofort* wieder in ihn zurückkehren können. Und nun dürfen Sie wie im Traum mit Gedankenkraft und -geschwindigkeit überall hinreisen, wohin Sie wollen.

Wenn Sie Ihre Reise außerhalb des Körpers beenden wollen, genügt die kleinste Bewegung, und Sie finden sich wieder in Ihrem Erdenkleid, Ihrem Körper. Lassen Sie sich nun noch etwas Zeit anzukommen, bevor Sie ein paarmal tief atmen, sich bewegen und strecken und wieder die Augen öffnen.

Sie können diese Out-of-Body-Reisen alleine üben, besser allerdings ist es, wenn Sie sich dafür erfahrene Lehrer suchen.*

Traumreise – Reisetraum

Zum Expansionswunsch des Schütze-Prinzips gehört auch das Reisen und Erforschen fremder Kulturen und Weltanschauungen. So erweitert der Schütze am liebsten seinen Horizont. Da sich innen und außen entsprechen wie oben und unten, können Sie ein äußeres Reiseziel auch als Ausgangspunkt für eine innere Bilderreise nehmen. Am besten, Sie wählen ein schönes Foto eines Ihrer Traumreiseziele, das viel von Landschaft und Kultur jenes Ortes enthält. Stellen oder hängen Sie sich dieses Bild an Ihren Meditationsplatz, machen sich vielleicht noch leise im Hintergrund Musik, die aus diesem Kulturraum kommt, und begeben Sie sich

* Der Amerikaner Robert A. Monroe hat aufgrund eigener Erfahrungen mit Out-of-Body-Reisen ein Institut und Ausbildungsprogramm begründet, mit dem Sie Reisen außerhalb des Körpers lernen können: Es existiert auch ein Kassettenprogramm zu diesem Zweck.
Außerdem sind von Robert A. Monroe zwei Bücher über seine Erfahrungen mit Out-of-Body-Erlebnissen erschienen: Robert A. Monroe, »Der Mann mit den zwei Leben« (Knaur-Tb 4150).

dann in Ihre Meditationshaltung im Sitzen. Lassen Sie Ruhe in sich einkehren, geben Sie sich ganz dem Moment hin, spüren Sie die Unterlage, die Sie trägt, lassen los von allem Alltagsgeschehen, lassen sich fallen in diesen Augenblick, in einen Zustand der Ruhe. Und wie Ihr Körper immer schwerer wird und tiefer sinkt, werden Ihr Atem und Ihre Gedanken und inneren Bilder immer leichter und freier. Sie betrachten nun das Bild vor Ihnen mit »weichem« Blick, nehmen alles ganz genau wahr und lassen es auf Sie wirken. Und so allmählich nähern Sie sich in Gedanken immer mehr diesem äußeren Bild, und bald vermischen sich äußeres und inneres Bild, es ist, als könnten Sie jenes Bild vor Ihnen betreten und sind auf einmal dort. Und so gehen Sie durch diese fremde Landschaft, treffen auf Menschen, die dort leben, hören ihre Sprache, beobachten ihre Lebensgewohnheiten, riechen den Geruch, der dort herrscht, sind einfach ganz dort.

Sie können im Verlauf dieser Meditation auch Ihre Augen schließen und die Bilderreise in Ihrem Inneren weitererleben. Lassen Sie sich ganz ein auf Ihre Traumreise, so als wären Sie wirklich dort.

Wenn Sie diese Meditation dann beenden wollen, atmen Sie wieder ein paarmal tief, bewegen Ihren Körper und öffnen dann Ihre Augen.

Wissensmeditation

Höheres Wissen und Weisheit sind dem Schütze-Prinzip zugeordnet. Gemeint ist damit nicht jenes Wissen, das heute vor allem in Schulen, Büchern und Massenmedien als Information verbreitet wird, sondern jenes Urwissen über die Sinnzusammenhänge des Lebens, das in allen esoterischen Traditionen weitergegeben wurde und wird. Es ist das Wissen, das tief aus uns kommt, das im kollektiven Unbewußten (wie C. G. Jung es nannte) gespeichert ist oder in der Akashachronik (wie es im Osten heißt).

Dieses Wissen, das Weisheit meint, ist immer da, und jeder, der sich dazu Zugang verschafft, kann dieses Wissen erlangen.

Ein erster kleiner Schritt dazu ist es, sich in Meditation von der Flut des vordergründigen »Informationswissens« zu lösen, nach innen zu gehen und die innere Stimme hören zu lernen. Üben Sie das also in der folgenden Meditation:

Legen oder setzen Sie sich an Ihren Meditationsplatz und tauchen Sie ein in einen Zustand tiefer Ruhe und Meditation, wie schon vorher beschrieben. – Wenn Sie dann das Gefühl haben, in Ihrer Mitte zu ruhen, richten Sie Ihre Aufmerksamkeit auf Ihr Drittes Auge, das sich an der Nasenwurzel zwischen Ihren Augenbrauen befindet. Es ist dies der Sitz des 6. Chakras, des Ajna-Zentrums, dessen Erweckung den Zugang zu allumfassendem Wissen, zur Akashachronik ermöglicht. Jeden

Einatem holen Sie nun hoch in dieses Energiezentrum und bleiben mit Ihrer Aufmerksamkeit auch dort, während Sie ausatmen. Nachdem Sie neunmal auf diese Weise geatmet haben, stellen Sie eine Frage, auf die Sie eine Antwort suchen, in den »Raum« Ihrer Meditation. Öffnen Sie sich für das Aufsteigen der Antwort, in welcher Form dies auch geschieht, ob sie als Bild, als Gefühl, als eine Stimme oder konkret als Wort erscheint. Vertrauen Sie Ihrer Intuition und Ihrer inneren Stimme und nehmen Sie sie für wahr.
Mit öfterem Üben werden Sie bemerken, daß die Antworten auf Ihre Fragen wirklich alle in Ihnen sind, daß alles Wissen, das Sie draußen suchen, auch in Ihnen ist.
Wiederholen Sie diese Meditation öfter und beenden Sie sie auf die übliche Weise: tief atmen, den Körper bewegen, die Augen öffnen.

Rückverbindungsmeditation

Ein Hauptthema des Schütze-Zeichens ist die *religio,* die Rückverbindung zum Urgrund des Lebens. So ist anatomisch dem Schütze-Prinzip auch die Leber zugeordnet, die uns über den in ihr stattfindenden Eiweißstoffwechsel mit dem Pflanzen- und Tierreich rückverbindet. Denn die Bausteine, aus denen das Eiweiß aufgebaut ist, die Aminosäuren, sind bei Mensch, Tier und Pflanze die gleichen. Die individuelle Verschiedenheit bildet sich erst durch die unterschiedlichen Muster der Aminosäurenanordnung. Dem Schützen entspräche also daher eine Evolutionsmeditation, die die Entwicklung des organischen Lebens vom Pflanzen- über das Tier- zum Menschenreich zum Inhalt hat.

Legen oder setzen Sie sich dazu bequem an Ihren Meditationsplatz. Geben Sie sich wieder genug Zeit, um am Ort Ihrer Reise nach innen anzukommen. Spüren Sie die Unterlage, die Sie trägt, die Sie mit dem Unten, der Erde verbindet, und geben Sie allen Ballast des Alltags an die Erde ab, so daß Sie immer mehr loslassen und geschehen lassen können. Seien Sie ganz im Hier und Jetzt, wo es keine Vergangenheit und keine Zukunft gibt, nur das Jetzt, hier in diesem Augenblick, keine Zeit ist mehr, die ohnehin nur Illusion, ein Schleier der Maya ist. Und so liegen oder sitzen Sie da, Ihr Körper wird immer schwerer und sinkt immer tiefer, verschmilzt immer mehr mit der Unterlage und weiter mit der Erde, und Ihr Atem wird gleichzeitig immer weiter und freier, ohne daß Sie etwas dazu tun müssen, Sie lassen einfach alles kommen und gehen, geschehen, was geschehen will und mag. Wenn Sie dann ganz in der Ruhe Ihrer Mitte angelangt sind, wenden Sie sich Ihren inneren Bildern zu. – Da tauchen eine Pflanze, eine Blume, Gräser oder ein Baum vor Ihrem inneren Auge auf, zu dem Sie sich besonders hingezogen fühlen. Betrachten Sie diese Pflanze genau, wie sie da steht, fest oder locker im Boden verankert, stabil oder biegsam, wie sie sich im Wind wiegt oder ihm standhält. Sie gehen immer mehr und weiter zu dieser Pflanze, bis Sie in sie hineinschlüpfen können, selbst diese Pflanze sind, die auch schon *Ihr* Muster des Lebens enthält, Ihrem Wesen entspricht. Spüren Sie ganz genau, wie es sich anfühlt, dieses Pflanzenwesen zu sein, und lassen Sie sich genug Zeit dazu, bis Sie glauben, sich in der Pflanze begriffen zu haben, bis Sie alle Gemeinsamkeiten zwischen ihr und Ihnen erfaßt haben.

Dann langsam taucht in Ihren inneren Bildern ein Tier auf, und bei näherem Hinsehen und -fühlen bemerken Sie, daß auch das Tier viele Wesenszüge mit Ihnen gemeinsam hat, ja daß dieses Tier Teil von Ihnen ist. Und auch dieses Tier kann Ihnen viel über das immer wiederkehrende Muster Ihrer Leben mitteilen. Betrachten Sie das Wesen, das Verhalten und die Aufgaben, die dieses Tier in der kosmischen Ordnung zu erfüllen hat, nehmen Sie es als einen Lehrmeister beim Auffinden Ihres Platzes in der kosmischen Ordnung. Werden Sie wieder ganz dieses Tier, das in Ihnen ist, auch als Geist, der Sie mit der Kraft des Instinktes beschützt, Ihnen Ihren Weg zeigt, und suchen Sie wieder nach den Gemeinsamkeiten, die sie verbinden.

Allmählich taucht dann das Bild von Ihnen selbst auf, und Sie begegnen Ihrem Tier und Ihrer Pflanze und sind gleichzeitig doch eins mit ihnen, spüren die Urkraft der Natur, die dadurch noch in

Ihnen lebt und die die Basis dafür ist, daß Sie in den Himmel wachsen können, sich dem Oben, dem Geist zuwenden können. Genießen Sie dieses Gefühl der Verbundenheit dankbar, bevor Sie diese Meditation beenden, indem Sie ein paarmal tief atmen, sich bewegen und die Augen öffnen.

Feuerritual

Als Tierkreiszeichen, das dem Feuerelement zugeordnet ist, entspricht dem Schützen auch ein altes schamanisches Feuerritual. Am schönsten ist es, wenn man dieses Ritual draußen in der Natur mit einer Gruppe von Freunden ausführt. Am besten sollte das Ritual von jemandem geleitet werden, der mit schamanischen Ritualen vertraut ist.*
Das Ritual beginnt mit einer äußeren (Holzsammeln, Bereitstellen von Olivenöl und Duftölen) und einer inneren Vorbereitung. (Jeder Teilnehmer meditiert und erforscht dabei sein Gewissen, das heißt, er befragt seine innere Stimme nach einem Wesenswunsch, den er erfüllt haben möchte, und nach einer persönlichen Schwäche, die er bereit ist wegzugeben. Man sucht sich dann in der

* Nähere Informationen und Kontaktadressen bezüglich schamanischer Rituale finden Sie in dem Buch von Lu Lörler »Die Hüter des alten Wissens. Schamanisches Heilen im Medizinrad«, München 1986.

Natur einen brennbaren Gegenstand, der Wunsch und Schwäche symbolisiert und in den man sein Anliegen einritzt.) Die eigentliche Zeremonie beginnt dann abends nach Sonnenuntergang. Der Leiter des Rituals schafft einen heiligen Raum an dem Platz, an dem das Feuer entzündet wird. Der Ort muß durch Räuchern geweiht, gereinigt und mit Kraft aufgeladen werden. Damit auch das Feuer ein heiliges (heilendes) wird, ruft der Ritualleiter die Kraft des Feuers und die Feuergeister, die Salamander und Faune, und bittet sie, das Feuer freundlich zu stimmen. Alle Teilnehmer, die sich im Kreis um das Feuer aufgestellt haben, sind mit ihren Augen und Sinnen nun ganz auf das Feuer konzentriert. In den Flammen tauchen oft Zeichen und Bilder auf, durch die sich ein Feuerwesen zeigt. Wenn der Leiter des Rituals seine Hände ins Feuer legen kann, ohne daß er sich verbrennt, ist das Feuer endgültig für die Zeremonie bereit. Nun kniet einer nach dem anderen vor dem Feuer, erzählt ihm seinen Wunsch und seine Schwäche und bittet das Feuer um Erfüllung und Verwandlung und legt anschließend das dafür stehende Symbol in die Flammen. An der Reaktion des Feuers beim Verbrennen des Symbols sieht man dessen »Antwort« auf das Anliegen, das man vorgebracht hat. Danach greift man dreimal mit den Händen in die Flammen, schöpft beim ersten Mal Kraft für das erste Chakra, beim zweiten Mal Kraft für das Herzchakra und beim dritten Mal für das geistige Auge. Dabei dankt man dem Feuer.

Wenn jeder im Kreis am Feuer war, wird das Ritual mit einer Dankesgabe an die Feuerwesen (Duftöle, süßer Likör) beendet.

Dynamische Meditation

Eine Meditationsform, die der Bewegungsfreude des Schützen entgegenkommt, ist die dynamische Meditation. Diese Meditationstechnik ist eine der Basis-Formen, die Bhagwan Shree Rajneesh entwickelt hat. Sie ist auch unter der Bezeichnung »chaotische Meditation« bekannt und wird von Bhagwan-Anhängern gern als »Wahnsinn mit Methode« bezeichnet.
Sie sollten früh am Morgen dynamisch meditieren, am besten vor dem Frühstück. Wählen Sie eine Ihnen geeignet erscheinende Musik.* Tragen Sie möglichst wenig Kleidung, die Sie nicht einengen darf. Beginnen Sie in der Hara-Stellung, und richten Sie Ihre Aufmerksamkeit auf Ihren Schwerpunkt. Schließen Sie die Augen, oder tragen Sie in diesem Fall sogar eine Augenbinde.
Die dynamische Meditation besteht aus fünf Phasen, die Bhagwan in seinem ›Orangenen Buch‹ so beschreibt:

* Für diese Meditation gibt es eine spezielle Musik-Kassette: »Dynamic – Kundalini« (MC 5001), die von dem Münchner Chaitanya Hari Deuter komponiert wurde.

»Erste Phase, zehn Minuten: Atme chaotisch durch die Nase; konzentriere dich auf das Ausatmen. Für die Einatmung sorgt der Körper von selbst. Atme so schnell und heftig, wie du nur kannst – und dann noch ein bißchen heftiger, so lange, bis du buchstäblich selbst das Atmen bist. Nutze deine natürlichen Körperbewegungen dazu, deine Energie aufzubauen. Fühle, wie sie zunimmt, aber erlaube ihr nicht, sich schon in der ersten Phase auszutoben.

Zweite Phase, zehn Minuten: Explodiere! Lasse alles raus, was ausbrechen will. Werde total verrückt, schreie, kreische, heule, hüpfe, schüttle dich, tanze, singe, lache, tobe herum. Halte nichts zurück, halte deinen ganzen Körper in Bewegung. Ein bißchen Schauspielerei kann dir anfangs helfen, hineinzukommen. Erlaube deinem Kopf auf keinen Fall, in das Geschehen einzugreifen. Sei total.

Dritte Phase, zehn Minuten: Springe mit erhobenen Armen auf und ab und rufe dabei das Mantra HUH! HUH! HUH! HUH! so tief aus dem Bauch heraus, wie es nur geht. Jedesmal, wenn du auf deinen Füßen landest, und zwar mit ganzer Sohle, lasse diesen Ton tief in dein Sexzentrum hineinhämmern. Gib alles, was du hast, erschöpfe dich total.

Vierte Phase, 15 Minuten: Stop! Friere auf der Stelle ein, haargenau in der Position, in der du dich gerade befindest. Mach keinerlei Körperkorrekturen. Ein Husten, die kleinste Bewegung oder sonst

etwas, und schon fließt die Energie ab, und alle Mühe war umsonst. Beobachte alles, was dir geschieht.
Fünfte Phase, 15 Minuten: Sei ausgelassen, gehe mit der Musik, tanze, drücke deinen Dank an die Schöpfung aus und nimm dein Glücksgefühl mit in den Tag.«

Zen in der Kunst des Bogenschießens

Das Symbol des Schützen ist der Pfeil, der in den Himmel gerichtet ist. Er wird damit gleichzeitig zum Bindeglied zwischen Erde und kosmischem Bewußtsein wie auch zum Wegweiser, der dem Schützen die Richtung seiner Entwicklung anzeigt.
In der Zen-Kunst des Bogenschießens wird eine Technik entwickelt, die diesem Symbol entspricht. Es geht dabei allerdings nicht um eine sportliche Betätigung, sondern um eine geistige Übung, die hilft, den Zustand der Versenkung zu erreichen. Das Schießen mit Pfeil und Bogen ist eine Angelegenheit auf Leben und Tod. Der Pfeil, auf ein Ziel gerichtet, wird zur tödlichen Waffe. Im übertragenen Sinn, in einem meditativen Kontext, steht er für die Auseinandersetzung des Schützen mit sich selbst.
In der Zen-Technik des Bogenschießens findet der Schuß auf einer nichtmateriellen, geistigen Ebene

statt. Pfeil und Bogen sind lediglich Hilfsmittel, die in einem späteren Stadium der Bewußtseinserweiterung überflüssig werden. Wie in allen meditativen Bereichen kommt es auch hier nicht auf das Wie der Meditation an. Letztendlich geht es darum, das kosmische Bewußtsein zu erreichen, das alle technischen Fertigkeiten überflüssig macht. Auf dem Weg dorthin kann die Zen-Kunst des Bogenschießens eine Hilfe sein.

Die Technik muß überschritten werden. An einer bestimmten Stelle auf dem Weg zur letzten Wahrheit erwächst das Können nicht mehr aus dem Bewußtsein, sondern aus dem Unbewußten. Vor dem inneren Auge des Schützen öffnet sich der Kosmos der Einheit. Er wird gewahr, daß beim Bogenschießen Schütze und Ziel nicht mehr zwei entgegengesetzte Pole einer dualen Welt sind, sondern das eine das andere in einem dynamischen Prozeß durchdringt und bedingt. Im Bogenschießen des Zen *wird* der Schütze zum Ziel. Mit jedem Schuß richtet er geistig den Pfeil auf sich selbst. Das kann nur gelingen, wenn dieses Selbst aus den Fesseln des Bewußtseins und des Irdischen befreit ist.

Praktisch handelt es sich bei der Zen-Kunst des Bogenschießens um eine Technik der Bewußtwerdung, inneren Läuterung und spirituellen Entwicklung. Entscheidender Faktor dieser Technik sind Atemübungen. Mit dem Ein- und Ausatmen werden kosmische Energieströme bewußt gemacht, die zu Ruhe und Konzentration verhelfen,

ohne die das Bogenschießen von vornherein zum Scheitern verurteilt wäre.
Wem es gelingt, sein Denken und sein Ego zugunsten einer kosmisch-universalen Sicht der Dinge zurückzustellen und damit sein wahres Selbst zu erkennen, der ist zum Zen-Meister geworden; Pfeil und Bogen haben dann ihre Schuldigkeit getan.
Alle Erklärungen zu diesem Komplex müssen abstrakt bleiben. Wir begeben uns hier auf ein Gebiet, in dem der Intellekt nichts mehr auszurichten vermag. Zen in all seinen Spielarten kann nicht beschrieben, sondern muß erfahren werden.*

* Wer sich näher dafür interessiert, sollte Eugen Herrigels Buch »Zen in der Kunst des Bogenschießens« lesen.

Meditationsgeschichte

Lesen Sie die folgende Geschichte* aus der Sufi-Tradition, und meditieren Sie darüber. Der Weg und das Ziel sind eins...

Die Einweihung des Malik Dinar

Nach vielen Jahren philosophischer Studien fühlte Malik Dinar, daß die Zeit gekommen war, auf die Suche nach Erkenntnis zu gehen. »Ich werde aufbrechen«, sagte er zu sich selbst, »und den ›Verborgenen Lehrer‹ suchen, von dem es auch heißt, er sei in meinem innersten Selbst.«
Er verließ sein Haus mit nur ein paar Datteln als Wegzehrung und traf bald darauf einen Derwisch, der unverdrossen die staubige Straße entlangzog. Er ging eine Weile schweigend und im Gleichschritt neben ihm her.
Schließlich sprach der Derwisch: »Wer bist du und wohin gehst du?«
»Ich bin Dinar und aufgebrochen, um den ›Verborgenen Lehrer‹ zu suchen.«
»Ich bin El-Malik El-Fatih und werde mit dir gehen«, sagte der Derwisch.

* Aus: Idries Shah, »Das Geheimnis der Derwische. Geschichten der Sufimeister«, Freiburg, Basel, Wien 1982.

»Kannst du mir helfen, den Lehrer zu finden?« fragte Dinar.
»Kann ich dir helfen, kannst du mir helfen?« fragte Fatih auf diese beunruhigende, verwirrende Weise aller Derwische; »der ›Verborgene Lehrer‹, so heißt es, ist im Selbst des Menschen. Wie er ihn findet, hängt davon ab, welchen Nutzen er aus der Erfahrung zieht. Dies ist etwas, was einem Gefährten nur teilweise vermittelt werden kann.«
Bald darauf kamen sie zu einem Baum, der knarrte und schwankte. Der Derwisch blieb stehen. »Der Baum sagt«, so sprach er nach einem Augenblick, »mir tut etwas weh, bleib eine Weile hier und nimm es aus meiner Seite, damit ich Ruhe finden kann.«
»Ich habe es wirklich zu eilig«, erwiderte Dinar. »Und wie kann ein Baum überhaupt sprechen?«
Sie gingen weiter.
Nach einigen Meilen sagte der Derwisch: »Als wir bei dem Baume waren, meinte ich Honig zu riechen. Vielleicht war es ein wilder Bienenschwarm, der in dem dicken Stamm seinen Stock gebaut hat.«
»Wenn das wahr ist«, sagte Dinar, »so laß uns schnell zurückkehren, um den Honig einzusammeln; wir könnten davon essen und etwas für die Reise verkaufen.«
»Wie du willst«, sagte der Derwisch.
Als sie wieder zu dem Baum kamen, sahen sie jedoch einige andere Reisende, die eine ungeheure Menge Honig einsammelten.

»Was haben wir für ein Glück!« riefen die Männer. »Dies ist genug Honig, um eine ganze Stadt damit zu versorgen. Wir armen Pilger können nun Kaufleute werden: unsere Zukunft ist gesichert.«
Dinar und Fatih gingen ihres Weges.
Bald darauf kamen sie zu einem Berg, an dessen Abhang sie Summen vernahmen. Der Derwisch legte das Ohr auf die Erde. Dann sagte er: »Unter uns sind Millionen von Ameisen und bauen sich eine Kolonie. Dieses Gesumme ist eine vielstimmige Bitte um Hilfe. In der Ameisensprache bedeutet es: ›Hilf uns, hilf uns! Wir höhlen die Erde aus, sind aber auf ungewöhnliche Felsen gestoßen, die uns den Weg versperren. Hilf uns, sie wegzuschaffen.‹ Sollen wir hierbleiben und helfen, oder möchtest du weitereilen?«
»Ameisen und Felsen gehen uns nichts an, Bruder«, sagte Dinar, »denn ich suche etwas anderes – meinen Lehrer.«
»Also gut, Bruder«, sagte der Derwisch. »Aber es heißt, alle Dinge stünden in einem Zusammenhang. Und dies könnte irgendwie mit uns zusammenhängen.«
Dinar achtete nicht auf das Gerede des alten Mannes, und so zogen sie weiter ihres Weges.
Die beiden machten Rast für die Nacht, und Dinar merkte, daß er sein Messer verloren hatte. »Ich muß es in der Nähe des Ameisenhügels verloren haben«, sagte er. Am anderen Morgen gingen sie den Weg zurück.
Als sie wieder zu dem Ameisenhügel kamen, fan-

den sie keine Spur von Dinars Messer. Aber sie sahen eine Gruppe von Menschen, die schmutzbedeckt neben einem Haufen Goldmünzen rasteten.
»Dies«, sagten die Leute, »ist ein verborgener Schatz, den wir soeben ausgegraben haben. Wir wanderten die Straße entlang, als ein gebrechlicher alter Derwisch uns zurief: ›Grabt an dieser Stelle, und ihr werdet etwas finden, was für einige nichts als ein Felsen ist, aber für andere Gold!‹«
Dinar verfluchte sein Geschick. »Wären wir doch hier geblieben«, rief er, »dann wären wir beide letzte Nacht reich geworden, o Derwisch.« Die anderen Leute sagten: »Dieser Derwisch da, Fremdling, sieht dem merkwürdig ähnlich, den wir letzte Nacht gesehen haben.«
»Alle Derwische sehen ziemlich gleich aus«, sagte Fatih. Und jeder zog seines Weges.
Dinar und Fatih setzten ihre Reise fort, und einige Tage später kamen sie an ein schönes Flußufer. Der Derwisch blieb stehen, und als sie sich hinsetzten, um auf die Fähre zu warten, schaute ein Fisch mehrmals aus dem Wasser hervor und verzog das Gesicht.
»Dieser Fisch«, sagte der Derwisch, »bringt uns eine Botschaft. Er sagt: ›Ich habe einen Stein verschluckt. Fang mich und gib mir eine bestimmte Pflanze zu essen. Dann werde ich ihn ausspucken können und dadurch Erleichterung bekommen. Wanderer, habt Erbarmen!«
In dem Augenblick tauchte die Fähre auf, und Dinar, ungeduldig weiterzukommen, drängte den

Derwisch hinein. Der Fährmann war dankbar für die Kupfermünze, die sie ihm geben konnten, und Fatih und Dinar schliefen gut in einem Teehaus, das eine mildtätige Seele am gegenüberliegenden Ufer eingerichtet hatte.

Am Morgen schlürften sie gerade ihren Tee, als der Fährmann erschien. Die vergangene Nacht sei die glücklichste seines Lebens gewesen, sagte er, die Pilger hätten ihm Glück gebracht. Er küßte die Hand des ehrwürdigen Derwisches, um seinen Segen zu empfangen. »Du verdienst das alles«, sagte Fatih.

Der Fährmann war jetzt reich; und das hatte sich so zugetragen. Als er gerade schon, zur üblichen Zeit, hatte nach Hause gehen wollen, sah er die beiden Menschen am gegenüberliegenden Ufer. Er entschloß sich, um des »baraka«, des Segens willen, den es bringt, Reisenden zu helfen, noch eine Überfahrt zu machen. Als er dann daranging, sein Boot zu versorgen, sah er den Fisch, der sich ans Ufer geworfen hatte. Er versuchte offensichtlich, eine Pflanze zu erreichen. Der Fischer steckte ihm die Pflanze ins Maul, so daß er sie herunterschlukken konnte. Der Fisch spuckte einen Stein aus und warf sich wieder ins Meer. Der Stein war ein riesiger und makelloser Diamant von unschätzbarem Wert und prächtigem Feuer.

»Du bist ein Teufel!« schrie der wütende Dinar den Derwisch an. »Du wußtest durch irgendeine geheime Art der Wahrnehmung von allen drei Schätzen, aber du hast es mir nicht rechtzeitig gesagt. Ist das wahre Kameradschaft? Früher war mein Unglück schon groß genug; aber wenn du nicht wärst, wüßte ich jedenfalls nichts von den Schätzen, die in Bäumen, Ameisenhügeln und Fischen verborgen sind –, und all das!«

Kaum hatte er diese Worte gesagt, als er das Gefühl hatte, es fege ein mächtiger Wind durch seine innerste Seele. Und da erkannte er, daß genau das Gegenteil von dem, was er gesagt hatte, die Wahrheit war.

Der Derwisch, dessen Name »Siegreicher König« bedeutet, klopfte Dinar leicht auf die Schulter und lächelte: »Jetzt, Bruder, wirst du entdecken, daß du durch Erfahrung lernen kannst. Ich bin eben derjenige, der dem ›Verborgenen Führer‹ zur Verfügung steht.«

Als Dinar aufzuschauen wagte, sah er seinen Lehrer zusammen mit einer kleinen Gruppe von Reisenden, die über die Gefahren der vor ihnen liegenden Reise sprachen, die Straße entlangwandern.

Heute zählt der Name des Malik Dinar zu den vornehmsten unter den Derwischen, als Gefährte und Vorbild, als ein Mann, der »angekommen« ist.

ANHANG

LITERATURVERZEICHNIS

Meditation allgemein

Bhagwan Shree Rajneesh: ›Meditation‹, München 1981
Bhagwan Shree Rajneesh: ›Das orangene Buch‹, Oregon 1983
Bitter, Wilhelm: ›Östliche Meditation und westliche Psychotherapie‹, Stuttgart 1957
Bitter, Wilhelm: ›Meditation in Religion und Psychotherapie‹, Stuttgart 1973
Bloching, Karl H.: ›Texte moderner Schriftsteller zur Meditation‹, Mainz 1975
Boden, Liselotte M.: ›Meditation und pädagogische Praxis‹, München 1978
Boeckel, Johannes F.: ›Meditationspraxis‹, München 1977
Carrington, Patrizia: ›Das große Buch der Meditation‹, Bern, München, Wien 1982
Das Tibetanische Totenbuch, Freiburg 1977
Dürckheim, Karlfried Graf: ›Der Alltag als Übung‹, Bern 1966
Dürckheim, Karlfried Graf: ›Hara. Die Erdmitte des Menschen‹, Weilheim 1967
Dürckheim, Karlfried Graf: ›Der Ruf nach dem Meister. Der Meister in uns‹, München 1974
Dürckheim, Karlfried Graf: ›Meditationen – wozu und wie‹, Freiburg, Basel, Wien 1983

Dürckheim, Karlfried Graf: ›Zeitloses Wissen. 28 Vorträge über alte Weisheitslehren des Ostens und Westens.‹ Als Kassetten erschienen bei Edition Neptun, München 1986

Enomiya-Lasalle, Hugo M.: ›Meditation als Weg zur Gotteserfahrung‹, Mainz 1980

Gebser, Jean: ›Asien lächelt anders‹, Wien 1968

Govinda, Lama Anagarika: ›Schöpferische Meditation und multidimensionales Bewußtsein‹, Freiburg 1977

Govinda, Lama Anagarika: ›Mandala. Der heilige Kreis. Stufen der Meditation‹, Aigo 1980

Haendler, Otto: ›Meditation als Lebenspraxis‹, Berlin 1977

Kravette, Steve: ›Meditation. Das unbegrenzte Abenteuer‹, München 1983

Leiste, Heinrich: ›Vom Wesen der Meditation‹, Dornach 1973

Mangoldt, Ursula: ›Wege der Meditation heute‹, Weilheim 1970

Mangoldt, Ursula: ›Östliche und westliche Meditationen. Einführung und Abgrenzung‹, München 1977

Melzer, Friso: ›Meditation in Ost und West‹, Stuttgart 1957

Melzer, Friso: ›Anleitung zur Meditation‹, Stuttgart 1959

Melzer, Friso: ›Innerung. Stufen der Meditation‹, Kassel 1968

Melzer, Friso: ›Konzentration, Meditation, Kontemplation‹, Kassel 1977

Naranjo, Claudio/Ornstein, Robert: ›Psychologie der Meditation‹, Frankfurt 1980

Petzold, Hilarion (Hrsg.): ›Psychotherapie – Meditation – Gestalt‹, Paderborn 1983

Reiter, Udo (Hrsg.): ›Meditation – Wege zum Selbst‹, München 1976

Schwäbisch, Lutz/Siems, Martin: ›Selbstentfaltung durch Meditation‹, Reinbek 1983
Thomas, Klaus: ›Meditation in Forschung und Erfahrung, in weltweiter Beobachtung und praktischer Anleitung‹, Stuttgart 1973
Tilmann, Klemens: ›Die Führung der Kinder zur Meditation‹, Würzburg 1961
Tilmann, Klemens: ›Übungsbuch zur Meditation‹, Zürich, Einsiedeln, Köln 1973
Tilmann, Klemens: ›Die Führung zur Meditation‹, Band 1, Zürich, Einsiedeln, Köln 1981
Trungpa, Chögyam: ›Aktive Meditation‹, Olten 1982
Watts, Alan: ›Meditation‹, Basel 1977
Wunderli, Jürg: ›Meditation. Hilfe im Alltag‹, Stuttgart 1973

Zen

Deshimaru-Roshi, Taisen: ›Zen in den Kampfkünsten Japans‹, Berlin 1978
Dürckheim, Karlfried Graf: ›Zen und wir‹, Frankfurt 1974
Enomiya-Lasalle, Hugo M.: ›Zen-Buddhismus‹, Köln 1966
Enomiya-Lasalle, Hugo M.: ›Zen-Meditation für Christen‹, Weilheim 1966
Enomiya-Lasalle, Hugo M.: ›Zen. Weg zur Erleuchtung‹, Wien, Freiburg, Basel 1973
Enomiya-Lasalle, Hugo M.: ›Zen-Meditation. Eine Einführung‹, Einsiedeln 1975
Fromm, Erich/Suzuki, Daisetz T./Martino, Richard de: ›Zen-Buddhismus und Psychoanalyse‹, Frankfurt 1972
Herrigel, Eugen: ›Der Zen-Weg‹, München 1958
Herrigel, Eugen: ›Zen in der Kunst des Bogenschießens‹, München 1983

Herrigel, Gusty L.: ›Zen in der Kunst der Blumenzeremonie‹, Bern, München, Wien 1979
Hoffmann, Yoel: ›Der Ton der einen Hand‹, Bern, München, Wien 1978
Jae Hwa Kwon: ›Zen-Kunst der Selbstverteidigung. Taekwon-do, Karate‹, Bern, München, Wien 1982
Nocquet, André: ›Der Weg des Aiki-do‹, Berlin 1981
Shibayama, Zenkei: ›Zen in Gleichnis und Bild‹, Bern, München, Wien 1974
Suzuki, Daisetz T.: ›Die große Befreiung‹, Zürich 1969
Suzuki, Daisetz T.: ›Erfülltes Leben aus Zen‹, Bern, München, Wien 1973

Yoga

Aundh, Rajah von: ›Das Sonnengebet‹, Kleinjörl 1982
Aurobindo, Sri (Hrsg. O. Wolff): ›Der integrale Yoga‹, Hamburg 1957
Avalon, Arthur: ›Die Schlangenkraft‹, Bern, München, Wien 1975
Harf, Anneliese: ›Yoga-Praxis. Durch Leibbeherrschung zu Meditation‹, Freiburg 1978
Isbert, Otto Albrecht: ›Yoga – Arbeit am Selbst‹, München 1973
Isbert, Otto Albrecht: ›Der volle Yoga‹, Wien, Freiburg, Basel 1976
Patanjali: ›Die Wurzeln des Yoga‹, München 1976
Scheidt, Jürgen vom: ›Yoga für Europäer‹, München 1976
Vivekananda, Swami: ›Jnana-Yoga‹, Band I und II, Freiburg 1973
Vivekananda, Swami: ›Raja-Yoga‹, Freiburg 1983
Vivekananda, Swami: ›Karma-Yoga und Bhakti-Yoga‹, Freiburg 1983

Yesudian, Selvarajan: ›Hatha-Yoga. Übungsbuch‹, München 1971
Yesudian, Selvarajan/Haich, Elisabeth: ›Sport und Yoga‹, München 1972
Yogananda, Paramahansa: ›Autobiographie eines Yogi‹, Freiburg 1975

Christliche Meditation

Massa, Willi (Hrsg.): ›Kontemplative Meditation. Die Wolke des Nichtwissens‹, Mainz 1974
Rosenberg, Alfons: ›Die christliche Bildmeditation‹, München 1975
Tilmann, Klemens/Peinen, Hedwig-Teresia von: ›Die Führung zur Meditation. Christliche Glaubensmeditation‹, Zürich, Einsiedeln, Köln 1978
Walter, Rudolf von: ›Aufrichtige Erzählungen eines russischen Pilgers‹, Freiburg, Basel, Wien 1961

Sufismus/Islam

Gestrein, Heinz: ›Islamische Sufi-Meditation für Christen‹, Wien, Freiburg, Basel 1977
Shah, Idries: ›Die Sufis‹, Düsseldorf, Köln 1982
Shah, Idries: ›Das Geheimnis der Derwische‹, Freiburg 1982
Shah, Idries: ›Die Weisheit der Narren‹, Freiburg, Basel, Wien 1983
Shah, Idries: ›Die Hauptprobe‹, Freiburg, Basel, Wien 1984
Shah, Idries: ›Die fabelhaften Heldentaten des vollendeten Narren und Meisters Mulla Nasrudin‹, Freiburg, Basel, Wien 1984

Tantra

Bhagwan Shree Rajneesh: ›Das Buch der Geheimnisse‹, München 1981

Eliade, Mircea: ›Yoga – Unsterblichkeit und Freiheit‹, Zürich, Stuttgart 1960

Evola, Julius: ›Metaphysik des Sexus‹, Berlin, Wien 1983

Thirleby, Ashley: ›Das Tantra der Liebe‹, Berlin, Wien 1982

Trungpa, Chögyam: ›Tantra im Licht der Wirklichkeit. Wissen und praktische Anwendung‹, Freiburg 1976

Trungpa, Chögyam: ›Feuer trinken, Erde atmen. Die Magie des Tantra‹, Köln 1981

Sonstiges

Argüelles, José und Miriam: ›Das große Mandala-Buch‹, Freiburg 1984

Brunnhuber, Maria: ›Wir meditieren mit Metaphern‹, in: ›Das Thema‹ 12/13, München 1973, S. 15 ff.

Dahlke, Rüdiger: ›Bewußt fasten. Ein Wegweiser zu neuen Erfahrungen‹, Waakirchen 1980

Dahlke, Rüdiger: ›Mandalas der Welt. Ein Meditations- und Malbuch.‹ München 1985

Dahlke, Rüdiger: ›Mandala-Malblock‹ München 1985

Dethlefsen, Thorwald: ›Schicksal als Chance. Das Urwissen zur Vollkommenheit des Menschen‹, München 1984

Dethlefsen, Thorwald/Dahlke, Rüdiger: ›Krankheit als Weg. Deutung und Be-deutung der Krankheitsbilder‹, München 1983

Easwaram, Eknath: ›Mantram. Hilfe durch die Kraft des Wortes‹, Freiburg 1982

Griesbeck, Robert und Orzechowski, Peter: ›Die Kraft der Rätsel. Weisheitsspiele der Welt‹ München 1986

Hamel, Peter M.: ›Durch Musik zum Selbst‹, Bern, München, Wien 1976

Krishna, Pandit-Gopi: ›Kundalini – Erweckung der geistigen Kraft im Menschen‹, Weilheim 1968

Lörler, Lu: ›Die Hüter des alten Wissens. Schamanisches Heilen im Medizinrad.‹ München 1986

Martini, Guido: ›Malen als Erfahrung‹, Stuttgart, München 1977

Maslow, Abraham: ›Psychologie des Seins‹, München 1978

Pahnke, Walter: ›Drogen und Mystik‹, in: Josuttis, Manfred/Leuner, Hanscarl: ›Religion und die Droge‹, Stuttgart 1972

Scheidt, Jürgen vom: ›Schreiben als Selbsterfahrung, Psychotherapie und Meditation‹, München 1983

Villasenor, David: ›Mandalas im Sand.‹ Haldenwang 1981

MEDITATIONSTEXTE

Bauer, Erich: ›Tarot. Quelle therapeutischer Wandlung‹, München 1984

Buber, Martin: ›Die Erzählungen der Chassidim‹, Zürich 1949

Gibran, Kahlil: ›Das Reich der Ideen. Aphorismen und Gedanken‹, Freiburg/Olten 1983

Gibran, Kahlil: ›Der Prophet‹. Freiburg/Olten 1984

I Ging: ›Das Buch der Wandlungen‹. Hrsg. Wilhelm, Richard, Düsseldorf, Köln 1978

Lao-Tse: ›Tao Te King‹, Stuttgart 1979

Leuenberger, Hans Dieter: ›Schule des Tarot‹ 3 Bände, Freiburg

Müller, Else: ›Du spürst unter deinen Füßen das Gras. Autogenes Training in Fantasie- und Märchenreisen‹, Frankfurt 1983

Nichols, Sally: ›Die Psychologie des Tarot‹, Interlaken 1984

Poppe, Tom (Hrsg.): ›Schlüssel zum Schloß‹. (Sufitexte) München 1986

Silesius, Angelus: ›Der Himmel ist in dir‹, Zürich, Einsiedeln, Köln 1982

Außerdem: Die Bibel, Koran, alle heiligen Schriften, die Bhagavadgita und die Sufi-Erzählungen (siehe Sufitum)…

ASTROLOGIE

Arroyo, Stephen: ›Astrologie, Psychologie und die vier Elemente‹, München 1982

Dahlke, Rüdiger und Klein, Nicolaus: ›Das senkrechte Weltbild. Symbolisches Denken in astrologischen Urprinzipien‹, München 1986

Greene, Liz: ›Schicksal und Astrologie‹, München 1985

Roscher, Michael: ›Der Mond. Astrologisch-psychologische Entwicklungszyklen‹, München 1986

Rudhyar, Dane: ›Astrologischer Tierkreis und Bewußtsein. Eine Interpretation der 360 Tierkreisgrade‹, München 1984

Rudhyar, Dane: ›Astrologie der Persönlichkeit‹, München 1979

Rudhyar, Dane: ›Die astrologischen Zeichen‹, München 1983

Schult, Arthur: ›Astrosophie. Lehre der klassischen Astrologie‹, 2 Bände, Bietigheim 1971

Sicuteri, Roberto: ›Astrologie und Mythos‹, Freiburg 1983

Szabó, Zoltan: ›Astrologie der Wandlung. Der Weg zur Gralsburg im Horoskop‹, München 1985

MEDITATIONSMUSIK

Between: ›Dharana‹, Wergo
Deuter, Georg: ›Aum‹
Deuter, Georg: ›Cicada‹
Deuter, Georg: ›Ecstasy‹
Deuter, Georg: ›Celebration‹
Deuter, Georg: ›Haleakala‹
(alle *Deuter*-Titel: ERP Musikverlag, München)
Fricke, Florian: ›Die Erde und ich sind eins‹, ›Sei still, wisse ich bin‹, Autobahn-Musikverlag
Halpern, Steven: ›Zodiac Suite‹
Hamel, P. M.: ›Contemplation‹ (mit Between), Wergo
Hamel, P. M.: ›Nada‹, Wergo
Horn, Paul: ›Inside‹
Kitaro: ›Ki‹
New Age: ›Transformation‹
New Age: ›Transmission‹
Popul Vuh: ›Gardens of Pharao, Aguirre‹
Popul Vuh: ›Tantric Songs‹
Popul Vuh: ›Hosianna Mantra‹
Schoener, Eberhard: ›Meditation‹
Scott, T.: ›Music for Zen-Meditation‹
Tangerine Dream: ›Force Majeure‹, Virgin Records
›The Tibetan Book of Death‹ (2 Kassetten)
Winston, George: ›Autumn. Piano Solos‹
Winston, George: ›Winter into Spring. Solo Piano‹
Winston, George: ›December‹
(alle *Winston*-Titel: Windham Hill Records)
Carls/Zöbelin: ›Albatros‹*
Carls/Zöbelin: ›Nature Symphony‹*
Dahlke, Rüdiger: ›Auf den Schwingen der Töne . . .‹*
Darquoy, Roland: ›Celtic Piano‹*

Hamido: ›Songs of my Heart‹*
Hamido: ›Wings of Love‹*
König, Christian und Florian: ›Aurora‹*
Ryan, Robert: ›The Gardens of Isfahan‹*
Schmid, Wolfgang: ›Missa Brevis‹*
Schmid, Wolfgang: ›Soundpictures‹*
Trüstedt, Wolf-Dieter: ›Windharfe‹*
Veetman, Ulrich: ›Island‹*
(alle * Edition Neptun, München)

Meditationsmusik zu Bhagwan-Meditationen

Deuter, Georg: ›Gourishankar – Mandala‹
Deuter, Georg: ›Kundalini – Nadabrahma‹
Deuter, Georg: ›Dynamic – Kundalini‹
Deuter, Georg: ›Nataraj – Nadabrahma‹
Deuter, Georg: ›Mandala – Whirling‹
Deuter, Georg: ›Gourishankar – Prayer – Devavani‹

MEDITATIONSKASSETTEN

Dahlke, Rüdiger: ›Luft/Wasser/Feuer/Erde‹
Dahlke, Rüdiger: ›Atemmandala – Farbmandala‹
Dahlke, Rüdiger: ›Tempel der Selbstverwirklichung‹
Dahlke, Rüdiger: ›Traumreisen . . .‹
Dahlke, Rüdiger: ›Welt der Elementewesen‹
Dahlke, Rüdiger: ›Schwingkreis – Klangkörper‹
Dahlke, Rüdiger: ›Durch die Schleier der Zeit‹
Dahlke, Rüdiger: ›Heilung – Meditation zur Selbstheilung‹
Dahlke, Rüdiger: ›Ich bin mein Lieblingstier‹
Dahlke, Rüdiger: ›Märchenland‹
(Erschienen bei Edition Neptun, München)
Dethlefsen, Thorwald: ›Meditationen‹
Dethlefsen, Thorwald: ›Körper- und Chakrenmeditation‹
(alle Dethlefsen-Kassetten über Hermetische Truhe, München)
Klein, Nicolaus: ›Der Tierkreis‹
Klein, Nicolaus: ›Die Elemente‹
(Erschienen bei Edition Neptun, München)
Leuenberger, Hans Dieter: ›Tarot-Meditation‹, 3 Kassetten mit Anleitungsbroschüre

Altman, Nathaniel

Die Praxis des Handlesens

Ein Ratgeber zur psychologischen Handanalyse

Ein praktischer Lehrgang in der Kunst, aus Handlinien, Handformen und anderen individuellen Handmerkmalen Rückschlüsse auf Charakter und Schicksal zu ziehen. Dieses Buch zeichnet sich vor allem auch durch seine zahlreichen Abbildungen aus, die das Beschriebene veranschaulichen und handbar machen.
240 S. mit s/w-Abb. [4166]

Cobbaert, Anne-Marie

Graphologie

Schriften erkennen und deuten – mit 274 Schriftproben im laufenden Text. Die Graphologie – auch Schrift-Psychologie genannt – wird hier auch für den Laien verständlich dargestellt. 287 S. [4102]

Laubach, Arthur

Der Weg des Geistes

Mit klarer Sprache und bestechender Logik führt Arthur Laubach den Leser über die Gesetzmäßigkeiten der Materie zu denen des Geistes. Eine brillante Einführung in esoterisches Denken.
Ca. 256 S. mit s/w-Abb. [4169]

Mangoldt, Ursula von

Schicksal in der Hand

Diagnosen und Prognosen

Die Deutung der Anlagen und Möglichkeiten, wie sie in den Signaturen beider Hände sichtbar werden, sind die Schwerpunkte dieses Buches. An rund siebzig abgebildeten Händen zeigt die Autorin die Vielfalt der charakterlichen Tendenzen, die zusammen schicksalsbestimmend sind.
256 S. mit 72 Abb. [4104]

Hunt, Diana

Partner unter guten Sternen

Eine astro-psycho-logische Partnerkunde.
224 S. [7611]

Sakoian, Frances/Acker, Louis S.

Das große Lehrbuch der Astrologie

Wie man Horoskope stellt und nach neuesten wissenschaftlichen Erkenntnissen Charakter und Schicksal deutet. 551 S. mit zahlreichen Zeichnungen. Dieses große Lehrbuch der Astrologie ist das bislang umfassendste Werk zur exakten Deutung des individuellen Horoskops. Ein idealer Einstieg für Anfänger und ein Nachschlagewerk für Fortgeschrittene. [7607]

Sasportas, Howard

Astrologische Häuser und Aszendenten

Neben dem Tierkreiszeichen-System ist das Häuser-/Aszendenten-System die zweite, überaus bedeutsame Quelle astrologischer Interpretationsmöglichkeit. Seltsamerweise gibt es hierzu kein einziges, für die Deutungspraxis brauchbares Buch. Das vorliegende Werk schließt diese Lücke.
624 S. mit s/w-Abb. [4165]

Koechlin de Bizemont, Dorothée

Karma-Astrologie

Das Horoskop als Spiegel vergangener Leben. Die Karma-Astrologie setzt dort ein, wo die normale Astrologie aufhört: bei jenen Leben, die vor dem jetzigen liegen.
368 S. mit zahlreichen Abb. [4131]

Lau, Theodora

Das große Buch der chinesischen Astrologie

Wie der Mond Charakter und Schicksal in den verschiedenen Tierkreiszeichen prägt.
384 S. mit 4 s/w-Abb. [4112]

Dee, Nerys

Schicksalsdeutung aus den Karten

Kartenlegen kann Lebenshilfe im besten Sinne des Wortes bieten. Nerys Dee beschreibt die gebräuchlichsten Legesysteme. Alle Karten werden einzeln in aller Ausführlichkeit gedeutet. 192 S. mit zahlreichen Abb. [4137]

Knaur

Boyd, Doug

Swami Rama

Erfahrungen mit den heiligen Männern Indiens

Doug Boyd stellt hier das östliche Pendent vor. Swami Rama, in Indien aufgewachsen, ist eine Persönlichkeit, für den Wunder alltäglich sind. In den USA experimentiert er mit quantitativen Untersuchungsmethoden über höhere Bewußtseinszustände.
320 S. [4140]

Rolling Thunder

Erfahrungen mit einem Schamanen der neuen Indianerbewegung. Rolling Thunder ist einer der wenigen, die noch über das traditionelle schamanistische Wissen verfügen und es auch vermitteln können. Seine Unterweisungen wurden von Doug Boyd aufgezeichnet und berücksichtigen unsere Verständnisebene. 288 S. [4142]

Dowman, Keith

Der heilige Narr

Das liederliche Leben und die lästerlichen Gesänge des tantrischen Meisters Drugpa Künleg. 224 S. mit 1 Karte [4122]

Der Eingeweihte

Eindrücke von einer großen Seele.

Der Autor berichtet von einem »Eingeweihten«, der sein Leben entscheidend beeinflußte, ohne aber jemals seine Entscheidungsfreiheit einzuschränken.
256 S. [4133]

Der Eingeweihte Band 2

Eindrücke von einer großen Seele/ von seinem Schüler

Der zweite und abschließende Band des »Eingeweihten« umfaßt die Bände II und III der englischen Originalausgabe.
352 S. [4163]

Sugrue, Thomas

Edgar Cayce

Die Geschichte eines schicksalhaften Lebens. Diese einzige autorisierte Cayce-Biographie fand bei der Kritik große Beachtung.
448 S. [4107]

Monroe, Robert A.

Der Mann mit den zwei Leben

Reisen außerhalb des Körpers

Dieser sensationelle Bericht beruht auf 12jähriger Beobachtungszeit, in der der Autor über 500mal seinen Körper verließ. Monroe lernte diesen Zustand zu beherrschen, und tritt damit den Beweis an, daß der Mensch nicht nur einen physischen Körper besitzt, sondern sich unter besonderen Umständen und unter Anwendung gezielter Techniken sogar von diesem trennen kann. 288 S. [4150]

Stearn, Jess

Der schlafende Prophet

Prophzeiungen in Trance (1911–1998).
Der sensationelle Tatsachenbericht über das Leben, Denken und Forschen des bedeutendsten Mystikers und Propheten der Gegenwart. 304 S. [4124]

Wilson, Colin

Gurdjieff - Der Kampf gegen den Schlaf

Georg Iwanowitsch Gurdjieff (1865–1949) ist eine der geheimnisumwittertsten Persönlichkeiten des Jahrhunderts. Colin Wilson ist seiner Philosophie und seinem Einfluß auf andere Menschen nachgegangen. Sein Buch ist eine brillante Einführung in Leben und Werk dieses Psychologen-Magiers des 20. Jahrhunderts. 176 S. [4162]

Nach dem Tode

Aussagen, Zeugnisse, Beweise

Colin Wilson gelingt es, den Leser von der ersten bis zur letzten Zeile zu fesseln. In seiner Beweisführung für ein Leben nach dem Tode baut er zahlreiche, bislang kaum bekannte Dokumente ein, die uns vertraut machen mit möglichen jenseitigen Realitäten und uns so die Angst vor dem Tode nehmen.
384 S. [4167]

Knaur

Brunton, Paul

Von Yogis, Magiern und Fakiren

Begegnungen in Indien

Der amerikanische Journalist Paul Brunton bereiste in den dreißiger Jahren Indien. Seine Erlebnisse eröffnen das ganze Spektrum indischer Spiritualität.
368 S. und 12 S. Tafeln. [4113]

Ram Dass

Reise des Erwachens

Ein Handbuch zur Meditation

Ram Dass nimmt uns mit auf eine Reise, die »Reise des Erwachens«, und er eröffnet uns dabei ein vielfältiges Angebot, aus dem wir wählen können: Mantra, Gebet, Singen, Visualisierung, »Sitzen«, Tanzen u. a. Er ermöglicht uns somit einen Zugang zum spirituellen Pfad. 256 S. [4147]

Schrot für die Mühle

»Ich bin das Sprachrohr eines Prozesses. Wenn du dieses Buch liest, dann berührst du dein Selbst. Vergiß mich, ich bin eine vergängliche Erscheinung. Du berührst dich selbst.« 200 S. [4117] Ram Dass

Rawson, Philip

Tantra

Der indische Kult der Ekstase. Diese Methode, die zur inneren Erleuchtung führt, erobert heute in zunehmendem Maße die westliche Welt.
192 S. mit 198 z. T. farb. Abb. [3663]

Rawson, Philip/Legeza, Laszlo

Tao

Die Philosophie von Sein und Werden. Mit ungewöhnlicher Eindringlichkeit und großer Sachkenntnis erschließt sich hier den westlichen Menschen die Vorstellungswelt des chinesischen Volkes.
192 S. mit 202 Abb. [3673]

Musashi, Miyamoto

Das Buch der fünf Ringe

»Das Buch der fünf Ringe« ist längst eine klassische Anleitung zur Strategie – ein exzellentes Destillat der fernöstlichen Philosophien. Es kann auch ihr Leben verändern! 144 S. [4129]

Cerminara, Gina Dr.

Erregende Zeugnisse von Karma und Wiedergeburt

Der »Schlafende Prophet«, Edgar Cayce, wird allgemein als das bedeutendste Medium der Neuzeit betrachtet. In selbstinduzierten hypnotischen Schlaf versetzt, war er in der Lage, praktisch alle nur denkbaren Fragen zu beantworten. 288 S. [4111]

Rajneesh, Bhagwan Shree

Komm und folge mir

Bhagwan spricht über Jesus. Seine Gedanken über das Leben und die Lehren Jesu enthalten Dimensionen, wie wir sie weder von der Kirche noch von westlichen Denkern kennen.
360 S. mit zahlreichen z. T. farb. Abb. [4120]

Swami Muktananda

Der Weg und sein Ziel

Ein Handbuch für die spirituelle Reise
Ein großer sprititueller Meister schildert die unterschiedlichen Ebenen dieser Reise. Zusammen bilden die verschiedenen Kapitel einen Plan zur Entwicklung der Selbsterkenntnis und sind eine Einführung in die Lehren eines weltweit geachteten Meditations-Lehrers. 224 S. [4148]

Passian, Rudolf

Wiedergeburt

Ein Leben oder viele?

Die Lehre von der Reinkarnation gehört zum ältesten Glaubensgut der Menschheit. Platon und Pythagoras waren davon ebenso überzeugt wie Paracelsus, Schiller oder Goethe. Der Autor hat in diesem Buch einen kompletten Überblick zum Thema »Wiedergeburt« erarbeitet.
240 S. [4154]

Tietze, Henry G.

Imagination und Symboldeutung

Wie innere Bilder heilen und vorbeugen helfen. Das Standardwerk über Imaginationsverfahren. Ein Arbeits- und Nachschlagebuch für Laien und Fachleute. 352 S. [4136]

Szabó, Zoltán

Buch der Runen

Das westliche Orakel

Das Buch ist eine geniale Synthese zwischen Theorie und Praxis. Es enthält eine ausführliche Anleitung für die Orakel-Praxis und erklärt die besondere Bedeutung der Runen und der germanischen Götter als lebendige Symbole. Zusammen mit einem Satz von 18 Runensteinen in Klarsichtkassette. 256 S. [4146]

Sills-Fuchs, Martha

Wiederkehr der Kelten

Martha Sills-Fuchs ist den Spuren der Kelten nachgegangen und hat verschollen geglaubte Bräuche, Riten und Lehren wieder zutage gefördert. 176 S. [4143]

Pollack, Rachel

Tarot – 78 Stufen der Weisheit

Tarot kann Lebenshilfe, Entscheidungshilfe, Wegweiser durch schwierige Situationen und Schlüssel zur Selbstfindung sein – wenn wir verstehen, die Geheimnisse seiner Bilder und Symbole zu dechiffrieren.
400 S. mit 100 Abb. [4132]

Das Tarot-Übungsbuch

Während das überaus erfolgreiche erste Buch der Autorin, »Tarot«, eine Einführung darstellt, setzt dieses Buch gewisse Grundkenntnisse voraus. Die hier geschilderten markanten Beispiele werden dem Leser zahlreiche Anregungen für die eigene Tarot-Praxis vermitteln.
Ca. 240 S. mit s/w-Abb. [4168]

Shah, Idries

Wege des Lernens

Die spirituelle Psychologie der Sufis. Lange bevor sich westliche Psychologie mit Bewußtsein und Lernfähigkeit auseinandersetzte, waren dies wichtige Themen der spirituellen Psychologie der Sufis. Idries Shah ist seit vielen Jahren der bekannteste Vertreter des Sufi-Gedankenguts im Westen.
336 S. [4144]

Andreas, Peter/Davies, Rose Lloyd

Das verheimlichte Wissen

Tempelgeheimnisse, verschollene Evangelien und das unbekannte Leben Jesu.
Auf Fragen, die während der letzten 2000 Jahre vergessen, verheimlicht oder unterdrückt wurden, geben die Autoren mit neuen Indizien Antwort.
240 S., 33 s/w-Abb. [4152]

Arnold, Paul

Das Totenbuch der Maya

Der Kreislauf von Leben und Tod aus der Sicht der Maya. Eines der großen Weisheitsbücher, das auf dem Weg kulturhistorischer Zusammenhänge tiefe Einblicke in uralte Jenseitsvorstellungen eröffnet.
256 S. mit 8 Abb. [4121]

Blumrich, J. F.

Kásskara und die sieben Welten

Die Geschichte der Menschheit in der Überlieferung der Hopi-Indianer. J. F. Blumrich, einer der führenden Wissenschaftler bei der NASA, ist den sehr detaillierten Angaben dieses Mythos auf den Grund gegangen und kommt zu einer wissenschaftlich fundierten Geschichte der Menschheit.
400 S. mit 24 Abb. [4135]

Brugger, Karl

Die Chronik von Akakor

Erzählt von Tatunca Nara, dem Häuptling der Ugha Mongulala. Der Journalist und Südamerika-Experte Karl Brugger hat einen ihm mündlich mübermittelten Bericht aufgezeichnet, der ihm nach anfänglicher Skepsis absolut authentisch erschien: die Chronik von Akakor. 272 S., Abb. [4161]

Kersten, Holger

Jesus lebte in Indien

In fünfjähriger Detektivarbeit verfolgte der Theologe Holger Kersten die Spuren Jesu und kommt zu sensationellen Schlüssen über das wahre Leben und Wirken Jesu.
216 S., 41 Abb. [3712]

Medizin und Gesundheit

Knaur Taschenbücher

Band 4307
192 Seiten
ISBN 3-426-04307-6

Auf leichtverständliche Art erklärt Dr. Derbolowsky die vielfältigen Funktionen der Organe, die mittelbar und unmittelbar mit unserer Atmung zusammenhängen. Ausführliche Fallbeispiele aus seiner langjährigen Praxis als Atemtherapeut erläutern, wann eine besondere Therapie angezeigt erscheint und welches die erfolgbringenden Heilmethoden sind.
Daneben enthält das Buch eine Fülle von Hinweisen und Anleitungen, von der einfachen Atemübung bis zur Atemspende in Notfällen, die den Leser anregen wollen, die Heilkräfte des richtigen Atmens vorbeugend für sich zu nutzen.

Robert Griesbeck/
Peter Orzechowski
Die Kraft der Rätsel
Weisheitsspiele der Welt
799 S., Paperback, mit zahlreichen Abb., DM 44,–

Rätsel und Orakel – Schlüssel zur Seele

Rätsel und Orakel sind ein spielerisches Hilfsmittel, den Speicher unseres Unterbewußtseins anzuzapfen. Dort ist alles Wissen über Vergangenheit, Gegenwart und Zukunft gespeichert.
Dieses Buch erklärt die Spielregeln und den Umgang mit den bedeutsamsten Orakeln der Welt, von I Ging und Tarot bis zu Runen und Geomantie.
Es informiert darüber, wann und wie diese Weisheitsspiele gespielt werden sollten, und wie die Antworten individuell zu deuten sind.
Damit stellt dieses umfassende Orakelbuch einen wahren Hausschatz an Selbsterfahrungsmethoden dar.

Ein Standardwerk der Lebenshilfe sowohl für den „Rätsel-Erfahrenen“ als auch für den interessierten Einsteiger.

Schmerzen überwinden – Hilfe für Millionen

Schmerzen bestimmen unser Leben. Die meisten von uns haben sich schon daran gewöhnt, Schmerzen ertragen zu müssen.
Dieses Buch spricht vor allem den mündigen Schmerzpatienten an, der die Ursachen seiner Schmerzen kennt und bereit ist, Mitverantwortung für die Heilung zu übernehmen. Es vermittelt praktisches Wissen und konkrete, von jedem nachvollziehbare Anleitungen, die es ermöglichen, Schmerzen aus eigener geistiger Kraft zu überwinden: Für die unmißverständlich beschriebenen suggestiv-meditativen Übungen sind keinerlei fachliche Vorkenntnisse erforderlich.
Eine äußerst verantwortungsbewußte Anleitung zur Selbsthilfe für Millionen Schmerzpatienten.

Dr. Tomas Svoboda
Schmerzen psychologisch überwinden
Ein Selbsthilfe-Buch
204 S., Paperback, DM 29,80

Martin Henglein
Die heilende Kraft der Wohlgerüche und Essenzen
256 Seiten, Leinen, Lesebändchen, DM 34,–

Gerüche – die Heilkraft der Natur

Unseren Vorfahren war sie wohlbekannt, die Heilkraft der wohlriechenden Pflanzenextrakte, deren Düfte Körper und Geist in Harmonie versetzen.
Es ist kein Wunder, daß wir sie heute, wo Umweltverschmutzung unsere Gesundheit immer mehr bedroht, wiederentdecken. Dieses Buch lehrt den Umgang mit den Wohlgerüchen und Essenzen, ihre Zubereitung und Anwendung und klärt gleichzeitig über ihre wohltuende Wirkung auf.
In den ätherischen Ölen liegt die „Seele der Natur“ – auch heute noch besitzt sie größere Heilkraft als alle chemischen Ersatzstoffe.

Schönbergers Verlag

Sendlinger Straße 13
8000 München 2